我
们
一
起
解
决
问
题

人力资源管理创新丛书

组织发展手册

组织设计与
组织生命周期

李舟安 ———— 著

人民邮电出版社

北 京

图书在版编目（CIP）数据

组织发展手册：组织设计与组织生命周期 / 李舟安
著. —— 北京：人民邮电出版社，2021.9（2021.12重印）
（人力资源管理创新丛书）
ISBN 978-7-115-57226-4

Ⅰ. ①组… Ⅱ. ①李… Ⅲ. ①企业管理－组织管理学
Ⅳ. ①F272.9

中国版本图书馆CIP数据核字(2021)第175944号

内 容 提 要

在当今的商业环境下，组织发展（OD）在企业中的作用变得越来越重要。但是，很
多企业的管理者或者忽略了组织发展，或者不太了解组织发展这项工作，使得企业无法
把员工个体连接成一个整体，并让这个整体发挥出最大的效能。

本书提出了组织生命的概念，将生物的生命周期与组织的生命周期进行对比，从战
略、组织结构、人才、文化和机制五个方面讲述了在不同生命周期中组织发展的重要性
与工作要点，并以华为、腾讯、碧桂园等名企的组织发展为例，阐述了组织发展的核心
价值、操作工具及应用技巧，这些内容可以帮助那些从事OD相关工作的人员更好地推
动组织变革，保持并持续提升组织的有效性，进而提升组织的生命力。

本书适合企业管理者、人力资源管理者和从事组织发展相关工作的专业人士阅读。

◆ 著　　李舟安
　　责任编辑　刘　盈
　　责任印制　胡　南
◆ 人民邮电出版社出版发行　　北京市丰台区成寿寺路 11 号
　　邮编 100164　　电子邮件 315@ptpress.com.cn
　　网址 https://www.ptpress.com.cn
　　北京七彩京通数码快印有限公司印刷
◆ 开本：720×960　1/16
　　印张：12.75　　　　　　　　　　　　2021 年 9 月第 1 版
　　字数：200 千字　　　　　　　　　2021 年 12 月北京第 2 次印刷

定　价：69.00 元
读者服务热线：（010）81055656　印装质量热线：（010）81055316
反盗版热线：（010）81055315
广告经营许可证：京东市监广登字 20170147 号

前　言

　　我是一位创业企业的 CEO，也曾经是一个"大厂"的 HR 从业者，现在我的主要工作就是帮助企业解决管理和组织发展方面的问题。

　　因此，我有幸能够接触到不少企业管理者，获得了他们对组织发展的一些思考与收获，进而产生了写这本书的想法。

　　我一直觉得，组织发展是企业高层管理者和 HR 从业人员共同完成的事情。

　　我希望我的下属在评价我的能力时，能认为我有两种能力：一种是战略能力，另一种是组织能力。

　　很多人会把组织能力看作"画组织结构图的能力"，实际上并不是这样的。

　　组织能力是你要了解业务流程的每个核心节点，并确保每个核心节点上都有岗位负责人员，同时给予每个岗位上的员工一定的考核压力，并给予他们相应的奖惩，让每个岗位都能高效运转起来，以此保证组织实现战略目标。

　　我们常说，企业高层管理者应该具有比较强的组织能力。这句话的本质是说管理者要有驾驭组织的能力，甚至要有驾驭复杂组织的能力。管理者要用组织结构将优秀人才吸引并留在自己的阵营里，用人才配置优势参与市场竞争，这才是企业发展的核心动力。

这本书就是讲如何认识组织、如何固化人才、如何强化优势的。

在组织发展领域，我只是一个小学生，专业能力和实操经验都不算太丰富。但是，我会从三个不同的视角看待组织问题：一个是管理者的视角，一个是 HR 从业者的视角，另一个就是第三方咨询顾问的视角。这使我在看待组织和解决组织问题方面有了自己的理解与观察。

在日常工作中，我们肯定见过许多企业，它们拥有优质的产品、专业的人员、充足的资金以及对市场的充分了解，唯独组织能力不够，因此被市场淘汰。

我们常说，组织能力就是生产力。通过组织能力参与市场竞争，是未来商业世界的通用方法。

这就是这本书最想传达给你的内容。

最后，仅以这本书献给所有奋斗在一线的管理者，希望这本书能给你带来一些启发和帮助。

目 录

第一章

组织生命说

早在 60 年前，我就认识到管理已经成为组织的基本功能，管理不仅是指"企业管理"，其概念已经涵盖到所有社会机构的管理功能。围绕着人与权力、价值观、组织结构和方式，我创建了管理这门学科，并把管理当作一门具有艺术性的综合管理学科。

——彼得·德鲁克

第一节　有组织生命力的公司才有未来

你认为，判断一家公司有没有价值或者有没有未来的标准是什么？

答案有很多。在我看来，真正一针见血的答案是这家公司有没有组织生命力。

那么，什么是组织生命力呢？下面以华为公司的一个案例进行说明。

2019 年年初，华为公司推出了一款 5G 手机，公司内部一个线上＋线下共 1 000 人的营销中心负责这款手机的销售工作。结果营销中心负责人发现：勤奋一点的团队一个月能卖出 105 万部手机，懒惰一点的团队一个月只能卖出 95 万部手机，两者之间的差距是 10 万部手机。如果这款手机的售价是 6 800 元，那么这两个团队一个月的业绩差距就是 6.8 亿元。

因此，任正非在内部微信群中，和人力资源部的负责人谈起了组织发展的话题，他指出组织力就是组织的业绩保障能力。谈话之后，他们每个人都领到了一个任务：全面调整华为公司的组织结构，包括升级组织架构、明确汇报关系、调整人员构成、改善内部协作等工作。

在调整后的一个月，大家发现，营销中心能卖出 200 万部手机了，足足比行业平均水平多出了 100 万部。

那么，这多出的 100 万部手机就是组织生命力。

所以，有组织生命力的团队才有未来！而让组织富有生命力的"钥匙"就在人力资源管理者的手上。

怎样才能让组织拥有强大的生命力呢？

我们要了解生命是怎样起源的，生命有哪些特征，生命的存活需要具备哪些条件，生命有哪些维度。

在达尔文之前，人们普遍认为每个物种是被分别创造出来的，如中国有盘古开天和女娲造人的传说，西方有上帝创世的故事。

1828 年，德国化学家维勒用无机物氰酸铵合成了尿素，这一历史性的突破为生命起源提供了具有极高价值的新思维和新视野。1859 年，达尔文出版了《物种起源》一书，书中提出了物种的遗传和变异学说，震惊了整个学术界和宗教界。

细胞是生物构成生物体的基本单位，也是生命生长发育的基础。每个细胞中至少有一个细胞核，它可以调节细胞生命活动，控制细胞分裂、分化、遗传和变异。人类就是从一个细胞分裂、分化成为完整的个体，又通过遗传、变异等自然选择进化成现在的形态。

生命具有哪些特征呢？

生命的存活需要能量，在自然界中，光合作用至关重要。有些生物通过一系列的化学反应，将来自太阳的能量结合水和二氧化碳转化为葡萄糖——一种简单的碳水化合物，并为生物体提供能源，这些以光合作用为生的生物位于食物链的最底层。初级生产者会被初级消费者——食草动物吃掉，初级消费者又成为次级消费者——食肉动物的食物，人类通过不同的方式将自己嵌入食物链。

生命系统的结构层次是这样的：细胞 → 组织 → 器官 → 系统 → 个体 → 种群和群落 → 生态系统 → 生物圈。每个生命个体都要经历出生、成长和死亡这一过程。生命种群则在一代代个体的更迭中，依靠基因的随机变异不断地向现实做趋同演化。

人作为高级生命体，同其他生命体相比有更丰富的内涵。有研究者认为，人的生命的丰富性可以用"五度"来概括，即长度、宽度、高度、厚度和重度，用时间衡量生命的长度，用视野衡量生命的宽度，用使命衡量生命的高度，用内涵衡量生命的厚度，用积淀衡量生命的重度。

组织也是一种特殊的生命体，每个组织都是一个鲜活的生命，它有自己的价值。组织的进化，也是一种生命体的进化。组织演化、组织迭代、组织生态等词汇就是来自生物学。

做好组织发展工作，从本质上来说就是为了增强组织的生命力，延长组织的寿命。

组织如同一个拥有强烈求生欲望的细胞集合体，每个细胞各有所长并各负其责，这样组织才能在市场竞争中取得相应的优势。

在解释组织的生命力时，生物学的模型可能比管理学更有说服力。我们可以把组织比作一个大型有机系统的某个器官。这个器官能否起作用主要取决于与之配套的其他生命组织。从这个视角看，组织的制度能否起作用，其他匹配条件的影响程度很关键。例如，公司负责人与 HR 管理者如何执行新的制度和规范，就是一个特别重要的问题。因此，我们从生物学的视角更能准确地把握组织活动。

组织和生命体的概念非常接近。最初的生物都是单细胞生物，单细胞之间也存在竞争。随着生物的演化，单细胞生物演变成多细胞生物。与此类似，人类学会了抱团，形成了"多细胞生物"即组织。

在多细胞生物中会出现淘汰机制。因为单细胞生物要能消化、能感知、能防御、能生殖，而在多细胞生物中，个别单细胞可以偷懒。这时多细胞生物就开发了分工的技能，如神经元负责传输信息，血小板负责防止血液凝固，脑细胞负责精密计算等。

细胞发展成这样就完美了吗？当然不是。生命需要繁衍，组织则需要扩张。

如果某个细胞想多繁衍一些，就需要挤占其他细胞的生存空间。由于资源总量是有限的，所以会出现多个细胞抢夺资源的场景。但是，如果是坏细胞也要多繁衍怎么办呢？组织就会研发一个新系统，防止坏细胞大量繁衍，那个新系统就是免疫系统，它如同组织中的纪检部门，负责处理坏细胞。

由此可见，细胞的进化史和组织的进化史十分相似。

总的来说，经过几亿年的进化，人类才进化为一个精密协调的多细胞生物个体，每个组织器官之间协调、高效地运作。

一种细胞不断地分裂繁殖，数量越来越多，到一定程度后，细胞就会主动停止扩张——细胞不再继续分裂了。组织也是这样，组织发展壮大到一定规模后就不再扩张了，因为组织的成长是有一定限度的。

人体每个器官的发育都非常协调。从细胞的视角看，这是不同的细胞按照自己的分工精诚合作的结果。

协调的组织发展也是这样的。

第二节　从华为轮值 CEO 看组织的演进

著名的热力学第二定律认为，所有事物都在缓慢地分崩离析。组织也有这个特点。

所有事物都处于不稳定的状态中，这种现象不仅发生在高度组织化的生物中，各类组织也会经历这样的过程。

要判断一个团队是否可以被称为组织，需要考察它是否具备以下三个条件。

（1）组织的成员是人。

（2）组织成立的目的是让个体成为整体，完成个体完成不了的任务。

（3）组织的本质是一群人为了一个共同的目标而聚在一起。

从管理学的角度看，组织特指一个社会实体，它具有明确的目标导向、精心设计的结构和有意识协调的活动系统，同时又与外部环境保持着密切的联系。

动物界也有组织方面的模范，如蚂蚁。蚂蚁以群居的方式生活，最小的群体只有几十只或百余只蚂蚁，大规模的群体可以多达几万只蚂蚁，甚至更多。一个蚂蚁群体中一般包括蚁后、繁殖蚁、兵蚁和工蚁，它们各司其职，有着非常明确的分工。

一部分工蚁会走出洞穴，探索未知的世界，并带回食物；另一部分工蚁则留守在洞穴，负责照顾蚁卵。如果一只工蚁觉得某个地方更适合居住，它就会将信息带回蚁穴，吸引其他工蚁前去"参观"，当大部分工蚁都觉得这个地方更适合居住时，蚁群就会搬家。

人类组织存在的目的原本是为了生存和发展：首先是为了生存获得食物和延续物种，即满足最基本的生存与安全需求；然后是发展，随着人类的进化、文明的进步和精密的组织形式的出现，人类经历了血亲群体、氏族部落、部落联盟、城邦、国家、国家联盟和国际联盟等组织形式。

在原始社会，人类的力量弱小且能力低下，物质资源匮乏，人类松散地集合在一起，以求得安全、生存和种族延续。此时，人类组织主要以血亲群体为主。

在原始社会末期，人类学会了使用和制造工具，人类群体的生存能力在不断增强，并能拥有私有财产。为了保护私有财产，小群体开始结盟，结盟使人类的组织规模飞速发展，与之相伴的则是战争和暴力冲突，人类组织从血亲群体结构进化为分层级的部落。在此基础之上逐步产生了规模更大、组织结构更复杂的城邦文明。随着生产力的发展和人口的增长，人类组织进化到更加复杂而精细的国家模式。尤其是伴随着近现代的工业革命和信息化革命，人类组织如今已是发展进化成极具互联网特色的"地球村"。跨地域限制、跨阶层限制的各种组织如雨后春笋般出现。

演化是由生命中的基因决定的。

生命形态的演化既没有目的性，也没有特定的方向。演化带有一定的随机性，但它又充满着规律。

实际上，演化有两条线，明线是为了不断地适应环境和自我发展去演化，这是带有目的性的；暗线则是随机演化的。很多对人类当前生存状况无关紧要的东西就处于自生自灭的状态，它们有可能会慢慢消失，我们称这种现象为退化。

约在 240 万年前，人类祖先的基因突变，人类丧失了强大的咬合力、臂力和跳跃能力。相对于黑猩猩，这是个极大的劣势。但这个变化给了人类祖先的颅骨更大的生长空间，使他们的大脑更大、智力更发达，最终他们进化成了人类。

在这种完全随机的演化过程中，根本无法预测物种的优势和劣势，人们更无法事先规划。

在商业世界里，演化这个词曾被无数次提及。

华为公司的企业文化强调"开放、妥协、灰度"，其中的"开放"就是在打造企业各环节闭路运行体系的同时，避免把自己变成一个封闭系统而逐渐熵死。

除了通过外在的能量输入来对抗熵增，实现熵减，任正非还在华为公司内部强调"自我批判"。他认为，一个健康成长的系统必须时刻保持危机感，不要故步自封，只有这样才能在内部形成主动革新、适应未来的动力，进而不断优化自己。

要想了解生物和组织的关系，华为公司是一个最好的研究对象，因为他们针对组织的生命特征提出了轮值制。华为公司从 2004 年开始在最高管理层中试行轮值制度，从轮值 EMT（Executive Management Team，经营管理团队）主席转变到轮值 CEO，最后演变为轮值董事长。

在轮值期间，轮值 CEO 是华为公司的最高级别管理者，总裁任正非只行使否决权，并不行使决策权，在轮值董事长领导下的常务董事会才具有决策权。华为公司轮值 CEO 的作用是共同管理企业以适应外部环境的快速变化，同时，集体决策可以避免由于个人偏执带来的组织僵化。

轮值 CEO 的成员在不担任 CEO 期间，也没有卸掉自己肩上的使命和责任，而是遵从职责和权利的安排"时刻准备着"，为下一次轮值做好充分准备。

任正非曾这样描述轮值的起源："大约是在 2004 年，美国顾问公司在帮助我们设计公司组织结构时，认为我们还没有中枢机构是不可思议的。公司高层只是空任命，并不运作，于是顾问公司提出来要建立 EMT，因为我不愿意做 EMT 的主席，公司就开始执行轮值主席制度，经过两个循环，轮值主席制度就演变成了今年的轮值 CEO 制度。"

随着企业的发展，组织的演进也会随之发生。

第三节　组织发展的核心是人

什么是组织发展呢？

管理强调的是规则，而组织发展强调的是人。

管理是通过规则约束去控制一个人，而组织发展是通过分配调控去赋能一个人。

下面通过一个简单的例子说明管理与组织发展的区别。

某公司的一些员工经常迟到，管理行为就是扣其全勤奖或年终奖，因为公司的管理制度就是这样规定的。

如果想从组织层面解决这个问题呢？管理者就可以让那些经常迟到的人给新员工讲一讲准时上班的重要性，或者让他们成为企业培训机构的志愿者，免费参加新员工培训，或者让经常迟到的人负责企业的考勤工作。

由此可见，组织发展的核心是如何将人连接成一个整体，并且让这个整体发挥出最大的效率。

人是企业的主体。那么，企业与人类起源是同步产生的吗？研究者们否认了这样的观点。他们一致认为，企业是社会生产力发展到一定阶段的结果。

资本主义社会出现之前也存在一些手工业作坊。但是,那时自给自足的自然经济占统治地位,社会生产和消费活动主要是以家庭为经济单位。尽管有些作坊也有一定的生产规模和一定数量的劳动者,但它生产的产品只是供奴隶主和封建皇室享用,而不是为了进行商品交换,所以,这些手工业作坊并不能被称作企业。到了资本主义社会,随着社会生产力的提高和商品生产的发展,经济单位发生了全面的变化,才产生了真正意义上的企业。

企业诞生初期,资本家雇佣工人,使用一定的生产手段,在分工协作的基础上从事商品的生产和交换。由于这种组织形式较好地应用了当时社会的科学技术,能显著提高劳动生产率,在满足日益增长的社会需求的同时,还能带来高额利润,为社会发展积累巨大的社会财富和人才,因此生产力有了长足的进步,社会也有了更大的发展。企业正是在这样一个漫长的演变过程中逐渐成为社会经济单位的。

企业的演进大致可以分为以下三个时期。

第一次工业革命后出现了世界上第一家现代意义上的企业——克罗姆福德纱厂。

第二次技术革命迎来了电气时代,这发生在 19 世纪 70 年代初到 20 世纪初。第二次技术革命带来了电力、钢铁、汽车、航空等新产业,石油成为核心能源。第二次技术革命也催生了众多成功的公司,如西门子公司、福特汽车公司、贝尔公司、标准石油等公司。至今大家仍然在享受第二次技术革命的成果。

第三次技术革命是信息技术革命。互联网正是诞生于这场革命之中。

自二十世纪三四十年代以来，新技术开始兴起，催生出了现在大家耳熟能详的 IT 公司，如英特尔（1968 年创立）、微软（1975 年创立）、苹果（1976年创立）、甲骨文（1977 年创立）等，至今它们仍然在人们的生活和工作中占据着主导地位，1998 年诞生的谷歌公司和 1995 年创办的亚马逊公司也是第三次技术革命的产物。

现在，第四次工业革命已经来临。它有三大特征：第一个特征是物联网的出现，它带来的变化是彻底打破了传统时空概念，整个时间轴、空间轴都将发生巨大变化；第二个特征是虚实合一，随着智能技术的发展，虚拟世界和现实世界将混合起来，打破人类几万年延续下来的感知的界限，无人驾驶、可穿戴智能设备等技术都因为这些延伸的感知而诞生并快速发展着；第三个特征是跨界融合，它彻底打破了过去认知的行业的界限。过去制造汽车的一定是汽车制造企业，而今天汽车的新功能都产生于新兴的、跨界的企业中，如美国的特斯拉汽车、中国的蔚来汽车。

未来，第四次工业革命带来的科技变革将进一步重塑企业，组织也将面临着更大的变革。

第四次工业革命的独特之处在于，它的发展已不再是线性速度，而是呈几何级数增长，它不仅会改变商业世界、商业模式、组织形态，更为重要的是，它会改变人类的行为方式和心智模式。也许，再过 300 年，那时的人类看今天的我们，今天的我们尤如未进化的古人类。这样的巨变从另一个角度很好地诠释了组织生命。

第二章

组织生命五星模型

组织生命五星模型是一套全新的思考维度和思想体系，它融入了"组织生命"理论，从使命和愿景出发，对企业的战略、组织结构、人才、文化和机制五个方面进行了全面的统筹与考量。这套思维框架能够帮助企业迈向未来的组织管理新时代。企业管理者要想高效管理组织，实现组织发展，这五个因素需要相互配合、相互作用。

组织生命五星模型如图 2-1 所示。

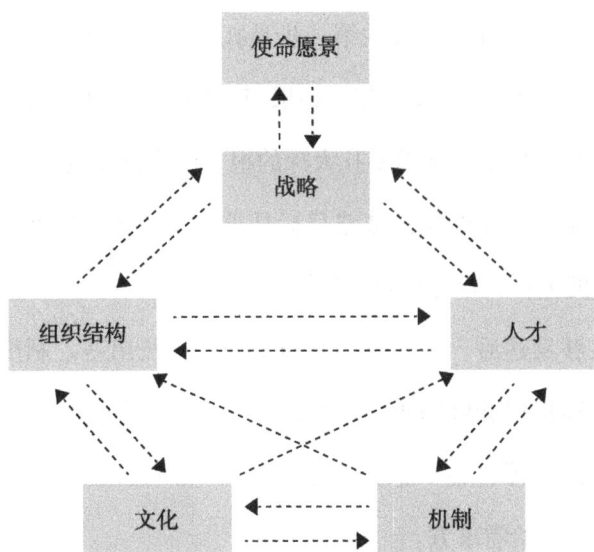

图 2-1 组织生命五星模型

战略决定了组织结构和人才需求。

组织结构和人才如同一个人的性格和才华，组织结构是性格，决定了你会和谁在一起；人才是才华，决定了你能走多远。

文化包括价值观、行为规范、企业定位、荣誉体系、案例集等多方面的管理内容。组织氛围的激活可以有效提升员工活力和组织的价值创造能力。

最后是机制。机制就是激励、评价、发展、退出机制，它主要是围绕人才队伍的激励与激活开展的。机制就像一个人的上进心和理财观念，从机制上就能看出这个人是不是"潜力股"。

我们可以从组织生命五星模型中看出生命体的成长过程。

如果把组织比喻成一棵树，组织在刚成立的时候，就像是一粒小小的种子。种子的成长需要适宜的外部环境，组织的创始人需要为种子寻找一片适合生存的土地。当创始人选好位置将种子种下去时，就代表组织的使命和愿景被确定了。种子成长的第一步是扎根，战略就是组织的根。根扎得深浅决定了组织能否长久生存。如果组织的战略目标是获得短期赢利，那么组织就像是一根草，不需要扎太深的根，因为即便这根草枯了、死了，也可以再种一根；如果组织的战略目标是长期、持久地发展，组织就要做一棵干云蔽日的大树，根扎得越深越好。

在根系足够发达后，种子就开始向上抽条，长出茎。制度和文化就是组织的茎，是连接根和叶的重要器官，它一方面向其他器官输送营养——人才，另一方面支撑着整个企业的外在——叶，即品牌、产品等，将品牌和产品全面地展示给需求方。

综上所述，组织生命五星模型中的各方面并不是孤立割裂的，而是紧密关联的，它们如同植物的根、茎、叶，各司其职又相互配合。

第一节　组织的核心动力：使命与愿景

苏格拉底提出过人生终极三问：我是谁？我从哪里来？我要到哪里去？人应该知道自己的使命，使命感是人们永恒的核心动力。一个人的使命感越强，他的工作激情与生活热情就越强烈，他的人生责任感也越强烈。

组织也有自己的使命，几乎每一个优秀组织都有清晰的愿景、使命和核心价值观。这些愿景、使命和核心价值观发挥着统一思想、凝聚人心的作用。

愿景、使命是组织最好的驱动力，它能让管理者和员工明白，你为什么工作，你承担着哪些责任，你为这个社会、世界做了哪些贡献。巴纳德说："组织的生命活力在于组织成员贡献力量的意愿，这种意愿要求这样一种信念，即共同目标能够实现。如果在过程中发现目标无法实现，这种信念就会逐渐削弱并消失。这样一来，目标的有效性就不存在了，组织成员做出贡献的意愿也就随之消失了。同时，意愿的持续性还取决于团队成员在实现目标的过程中获得的满足感。如果这种满足感不能超过个人做出的牺牲，这种意愿也会消失。"

成功的公司都有自己的使命和愿景。

特斯拉的公司使命是"加速世界向可持续能源的转变",公司愿景是"通过推动世界向电动汽车的转型,打造 21 世纪最具吸引力的汽车公司";

京东的公司使命是"技术为本,致力于更高效和可持续的世界",公司愿景是"成为全球最值得信赖的企业";

阿里巴巴的公司使命是"让天下没有难做的生意",公司愿景是"活 102 年:不追求大,不追求强,追求成为一家活 102 年的好公司。到 2036 年,服务 20 亿消费者,创造 1 亿就业机会,帮助 1 000 万家中小企业盈利"。

使命和愿景有何不同呢?

愿景:

- 是企业最终的发展结果;

- 可以指导战略和组织发展;

- 是鼓舞人心的图景;

- 可以分阶段实现;

- 主要为企业内部人员提供指引;

- 是企业至少三年以上的愿望和梦想。

使命是什么呢?

"现代管理学之父"德鲁克在他的书中写道:"企业宗旨(使命决定企业命运)只有明确规定了企业的使命,才可能树立明确而现实的企业目标。企业的宗旨和使命是确定优先顺序、制定战略、安排工作的基础。"

一生创办两家世界 500 强公司的"日本经营之圣"稻盛和夫先生就非常重视企业使命,他说:"首先要明确事业的目的和意义,树立光明正大的、崇高的目的。如果没有如此崇高的意义，人就很难从内心深处产生必须持续努力工作的愿望。"

使命包括但不限于以下内容：

- 企业怎样参与市场竞争，即对企业发展的选择；
- 为社会及利益相关者提供的价值；
- 企业以什么方式参与市场竞争；
- 共同坚持的原理与原则。

使命、愿景能够让组织团结一致，员工会认为，"这是'我的'工作，我很高兴能够从事这份工作，我为自己做的事情感到骄傲"。个体尚且如此，如果你的团队和部门也能够拥有这种使命感，将会产生何种的工作驱动力。

毕马威公司有一个 "10 000 Stories Challenge"（10 000 个故事的挑战）项目，目的是让员工在平台上回答"你在毕马威做什么"，力争把个体行为与组织使命联系在一起，激发员工的工作热情。

参与的员工都要写一个使命型的标题，如"我对抗不良资金流动"，并在正文中进行清晰的陈述，如"毕马威帮助许多金融机构打击洗钱行为"，最下方可以放上员工的照片。每条回答都标有"激发信心、成就创新"这八个字。

毕马威领导宣布，如果员工在感恩节前发布一万条内容，就可以在感恩节多得到两天假期。结果这个目标在一个月内就实现了，之后员工的热情并未减退，共有 2.7 万人发布了 4.2 万条使命（一些人发布了不止一条，还有以团队名义发出的）。毕马威公司找到了帮助员工认同组织使命的好方法。

调查显示，经过此次活动，员工对工作的自豪感有所提升，敬业度达到了有史以来的最高点，最终毕马威在《财富》杂志最佳雇主榜单中的排名上升了 31 名，位列第 12 名，是四大会计师事务所中排名最高的。

总的来说，企业的使命就是企业存在的目的是什么，企业能为谁解决哪些问题，企业成立并运行的意义在哪里。

企业的愿景是管理者希望企业以后发展成什么样子，希望企业未来在哪些领域有怎样的成就和地位，企业的梦想是什么。

使命和愿景从本质上决定了企业的发展方式，直接影响着企业的战略决策。

阿里巴巴创始人马云曾说过这样一句话："企业做大不一定快乐，做小不一定不幸福。你一定要想明白，自己有什么、要什么、能放弃什么。我认为这些就是'使命感'。"通过回答上述几个问题，管理者不仅可以进行自我检视，而且能在创业初期奠定企业的根基。因为，没有根基的战略是立不住的。

没有愿景的企业会陷入迷茫，因为管理者不知道五年后企业会变成什么样，十年后会变成什么样。管理者的脑子里必须要有一张企业的发展蓝图，而且是基于科学的、认真的思考绘制的。愿景可以不那么准确，但是必须是经过认真思考的，这样才能保证结果比想象得好。

愿景一定是非常清晰的目标；使命则是最高理想、最终梦想。

阿里巴巴公司的使命是让天下没有难做的生意，这个理念很早就被提炼出来并确立了，直到现在也没有改变过。阿里巴巴公司早些年的愿景是"成为世界十大网站""能够活 80 年"，马云在提出这个理念的时候是很大胆的，不过现在已基本实现了。现在，阿里巴巴公司已将愿景改成了"成为分享数据的第一平台""活 102 年"。阿里巴巴公司未来十年的战略是成为数据分享交易平台，公司的愿景和战略也是匹配的。

大家不要觉得只有大公司才需要提出使命和愿景，小公司、小组织甚至小个体也需要有使命。使命不以组织规模大小作为评判标准，但组织使命的大小和不同会导致它凝聚的社会力量不一样。社会影响力有大小与好坏之分，使命却没有优劣之分。

92 岁的小野二郎被誉为"寿司之神"，他的寿司店只有 10 个座位，却是举世闻名的米其林三星餐厅，顾客如果想去品尝寿司，需要提前一两个月预定，并且他规定顾客吃一餐只能用时 15 分钟。小野二郎在制作寿司的过程中，首先会仔细观察顾客的特征，会根据顾客的性别调整寿司的大小，会记住顾客的座位顺序，会根据顾客使用筷子的习惯调整寿司摆放的位置。他的寿司店只做寿司，不提供饮料，这样可以让顾客全身心地品尝寿司的美味。吃过的人纷纷评价小野二郎的寿司是"值得等待一生的寿司"。小野二郎一辈子做寿司，他说："我要确保客人吃到极致美味的寿司。"这就是一家寿司店的使命。

第二节　战略：做对选择

什么是战略？从字面上理解，"战"是战争、竞争，"略"是谋略、方法。简单地说，战略就是取胜之道。

德鲁克认为战略是管理者发挥领导力的基础。在他看来，管理者的主要职责是明确组织使命，并在组织中宣传推广，同时通过确立目标、工作重点和执行标准来衡量战略的进展情况。

战略最基本的含义就是运用企业的全部资源来实现企业的最终目标。战略要求管理者必须站在更高的维度看问题并做出选择，而不是盯着问题本身。正确的企业战略能指导企业管理者合理配置自身资源，选择适合的经营领域和产品，形成自己的核心竞争力，并在市场竞争中取胜。

简单地说，战略有以下两个特点：

（1）战略是事后总结出来的好运气；

（2）战略是有选择的放弃。

总结成一句话，那就是，战略是一种选择。

为什么麦当劳做牛肉？为什么肯德基做鸡肉？为什么华莱士做全鸡？

在麦当劳和肯德基的发展初期，牛肉和鸡肉是供应链最稳定的两种肉类。为了避免在开设一万家门店时，出现供应链中断或品质不稳定的问题，麦当劳和肯德基的创业者在最初选择战略的时候就分别确定了以牛肉和鸡肉为主要原材料。

为什么华莱士做全鸡呢？这也是由它的战略定位决定的。麦当劳或肯德基的一个套餐卖 30 块钱，而华莱士的一个套餐只卖 20 块钱。考虑到成本问题，华莱士必须要采购鸡胸肉和其他部位的肉，如果华莱士也做鸡腿，它的供应链就会和肯德基重叠，在生态学上这叫作生态位重叠，多家企业同时竞争一个供应链，就会把供应链的价格抬高。以全鸡作为原材料会降低华莱士的产品成本和价格，所以做全鸡是一个适合华莱士的战略选择。

制定战略包括选择什么领域、选择什么行业、选择什么资源、选择什么优势，而选择决定了企业的终局。如果说使命、愿景是企业的终极三问，那么战略就是终极三问的解答。

2012 年 3 月，任正非深情地写下了《一江春水向东流》。在这篇文章中，他回忆了 1997 年的华为公司，他写道："1997 年后，公司内部思想混乱、主义林立，各路诸侯都显示出了他们的实力，公司往何处去，不得要领。"最后，华为公司在创立 10 周年之际出台了"华为基本法"，公司上下统一了"我是谁""去哪里"和"如何去"等基本战略问题。

"华为基本法"第一条中用一句话清晰地概括了华为的战略："华为的追求是在电子信息领域实现顾客的梦想"（去哪里），"为了使华为成为世界一流的设备供应商"（我是谁 / 去哪里），"大家将永不进入信息服务业"（用我不是谁来清晰回答我是谁),"大家是以优异的产品、可靠的质量、优越的终生效能费用比和有效的服务,满足顾客日益增长的需要"(如何去)。

战略决定组织结构和人才需求,也决定了组织要去的地方。

第三节　组织结构：智能美的的转型启示

大家可能会注意到，在大多数家电制造企业处于下行态势的时期，美的公司一直保持着持续增长的态势，尤其是在近几年，美的公司通过变革逆势实现了高速增长。美的的发展史就是一部组织变革与人才变革的发展史。从最早的直线职能制，到1997年的事业部改造，再到2001年至2007年的超事业部的改造以及之后的矩阵式组织，到最近方洪波提出来的"三个去"——去中心化、去权威化、去科层化的内部组织改造，美的构建起了"789工程"。

一家集团公司的组织结构主要是按专业职能划分的，如财经、人力资源、法务等；现在，很多企业管理者习惯性地将众多职能集中到集团总部，进行所谓的集团平台化管理。然而美的不一样，它通过组织变革，打造了七个平台——物流平台、电商平台、售后平台、创新平台、金融平台、国际化平台和采购平台。

美国著名管理专家钱德勒教授曾对通用汽车公司、杜邦公司等70家大型公司的发展历史进行研究，发现各家公司在处理经营战略与组织结构的关系上有一个共同的特点，那就是在企业选择一种新的战略后，由于管理人员在现行组织结构中拥有既得利益，或不了解经营管理以外的情况，或对组织结构改变的必要性缺乏认识，使得现行组织结构因未能适应新的战略而发生变化。直到管理出现问题，经济效益下滑，企业管理者才将调整组织结构提上议事日程。在组织结构发生改变以后，企业既保证了经营战略的实施，又大幅提高了企业的盈利能力。因此，钱德勒教授得出了一个著名的结论：组织结构应服从于战略。

通过组织结构调整，战略能转化为一定的体系或制度，融入企业的日常生产经营活动中，以保证经营战略的实现。组织结构是将企业的目标分解到职位，再把职位综合到部门，由众多部门组成垂直的权力系统和水平分工协作系统的一个有机整体。当组织确立了战略后，如何通过组织结构为其有效配置资源便成了管理的关键问题之一。

组织结构是企业流程运转、部门设置及职能规划等最基本的依据，常见的组织结构形式包括直线制、职能制、直线职能制、事业部制、矩阵制等。

1. 直线制

直线制即自上而下形同直线，这是最简单的集权式组织结构形式。

其特点是：企业各级行政单位从上到下实行垂直领导，下属部门只接受一个上级的指令，各级主管负责人对所属单位的一切问题负责。

其优点是：结构比较简单，责任分明，命令统一。

其缺点是：直线制组织结构要求行政部门负责人掌握多种知识和技能，能够亲自处理各种业务。在业务比较复杂、企业规模比较大的情况下，把所有管理职能都集中到一个人身上是难以实现的。

2. 职能制

职能制又称分职制或分部制，是指组织的同一层级横向划分为若干个部门。

其特点是：每个部门的业务性质和基本职能相同，但相互分工合作。

其优点是：行政组织按职能或业务性质实行分工管理，聘请专业人才，可以发挥人才的专业特长，做到业务专精，利于提高管理水平；同类业务划归同一部门管理，利于建立有效的工作秩序，防止顾此失彼和互相推诿，能适应现代化工业企业生产技术比较复杂、管理工作比较精细的特点，充分发挥职能机构的专业管理作用，减轻直线管理者的工作负担。

其缺点是：容易形成多头领导，不利于建立健全各级行政部门负责人和职能科室的责任制，中层管理者会出现"有功抢、有过推"的现象；另外，当上级行政领导和职能机构的指导与命令发生冲突时，下级就会感到无所适从，影响工作的正常开展，容易造成纪律松弛、生产管理秩序混乱的现象，不利于行政部门间的整体协作，容易形成部门之间各自为政的现象。

3. 直线职能制

直线职能制是当前企业运用得最为广泛的一种组织形式。

其特点是：它把直线制结构与职能制结构结合起来，以直线为基础，在各级行政部门负责人之下设置相应的职能部门，作为该负责人的参谋，分别进行专业管理。

其优点是：直线职能制实行直线主管统一指挥与职能部门参谋、指导相结合的组织结构形式，维护成本低且责任清晰。职能部门参谋拟订的计划、方案及有关指令，由直线主管批准下达；职能部门参谋只起到业务指导的作用，无权直接下达命令，各级行政部门负责人实行逐级负责、高度集权的管理方式。

其缺点是：这也是典型的"集权式"结构，权力集中于最高管理层，下级缺乏必要的自主权；各职能部门之间的横向联系较差，如果目标不统一，则容易产生矛盾。

4. 事业部制

企业根据产出将业务活动组合起来，成立专业的生产经营管理部门。

其特点是：如果产品的品种较多，每种产品都能占据各自市场的较大份额，企业可按产品设置若干事业部，凡是与该产品有关的设计、生产、技术、销售、服务等业务活动，均由该事业部管理；在销售地区广、工厂分散的情况下，企业可按地区划分事业部；如果顾客类型和市场不同，还可按顾客（或市场）成立事业部。这样一来，每个事业部都拥有自己的产品或服务的生产经营全过程，为企业贡献一份利润。

其优点是：自成系统、独立经营，既有利于组织专业化生产，也利于培养管理人才，为企业储备人才资源。

其缺点是：公司与事业部的职能机构重叠，容易造成管理人员浪费的现象。同时，事业部实行独立核算，各事业部只考虑自身的利益，影响事业部之间的协作，一些业务联系与沟通往往被经济关系所取代。

5. 矩阵制

在组织结构上，矩阵制包括既按职能划分的垂直领导系统，又按产品（项目）划分的横向领导关系。

其特点是：在围绕某项专门任务成立跨职能部门的机构上，如组成一个专门的产品（项目）小组从事新产品开发工作，在研究、设计、试验、制造的各个不同阶段，由有关部门派人参加，力求做到条块结合，以协调有关部门的活动，保证任务的完成。

其优点是：这种组织结构形式是固定的，人员却是变动的，项目小组和负责人也是临时组织与委任的。在任务完成的同时项目小组立刻解散，有关人员回到原单位工作。因此，这种组织结构非常适合横向协作与项目攻关。

其缺点是：对人员的双重管理是矩阵制结构形式的先天缺陷，对工作会产生一定的影响。

6. 网络型组织

网络型组织是利用现代信息技术手段建立和发展起来的一种新型组织结构。

其特点是：组织结构是互联网公司重要的发展逻辑，战略不同，组织结构就会完全不同。例如，腾讯是"社交龙头"，阿里巴巴是"电商龙头"，字节跳动是"流量龙头"，美团是"本地生活的龙头"。京东70%以上的员工是仓储配送员，美团 60% 以上的员工是 BD（商务拓展专员），阿里巴巴 40% 以上的员工是运营与客服人员。这些互联网公司可以简单地划分为两大类：第一，事业群机制——以业务产品为核心架构；第二，大中台、小前台机制——以存储、计算、研发这三大基础设施为核心架构形成大中台，支撑业务小前台。腾讯与美团共同选择了事业群制，阿里巴巴和字节跳动则选择了大中台、小前台机制。

其优点是：组织结构进一步扁平化，效率更高，企业对新技术及海外低成本竞争具有更大的适应性和应变能力。

其缺点是：可控性差。对员工来说，项目大多数是临时性质的，员工对组织的忠诚度比较低。

第四节　人才：组织的"细胞"

组织是人的组织，先有了人，才会有组织。在组织生命中，人才就相当于细胞，因为细胞是人体最基本的单位。在生命系统中，细胞健康了，身体机能才能正常。由于生活习惯不当导致部分细胞出现问题时，身体就会处于亚健康状态，整个人看起来很健康、有活力，实则隐患重重；如果很多细胞都发生异常并开始罢工，人就会生病。

组织工作的核心是把人组织起来，连接成一个拥有共同目标的整体，充满活力和激情地完成预定目标。在成功的组织中，管理者通过界定资源和信息流的方向，明确组织成员之间的关系，为每个成员在这个组织中的地位、权力、责任和作用提供一个共同约定的框架。如果没有共同约定的框架，对这些独立个体在这个特定的社会群体中的相互关系和地位作用做出明确界定，这个组织就不能称之为组织，它只是一种随聚随散的社会群体，一个没有共同目标、无法协调人员行为的群体。

要想让组织有活力，就必须激发人才的活力。

1997 年，华为公司决定编写"华为基本法"。起草小组的一位教授问任正非："人才是不是华为的核心竞争力？"任正非的回答非常出人意料："人才不是华为的核心竞争力，有效管理人才的能力才是企业的核心竞争力。"

智联招聘曾经用一个数据来说明人才的流动性。36% 的人做一份工作不超过一年，只有 10% ～ 20% 的员工做同一份工作达到 5 到 10 年。在这种状况下，企业需要从人才的数量、质量、结构等核心要素出发，思考如何做好人才梯队建设和人才能力发展工作。

我们看一个案例。

刚毕业的 H 决定去应聘某大型 4A 广告公司，该公司在业界以高效率、高效益著称，选拔人才的方法不仅苛刻而且奇特。

初试时，所有应聘者集中到该公司会议室，面试官要求应聘者在规定时间内完成一件作品的设计稿。所有应聘者都能按时完成任务，然后由专家组评审，当天下午即公布入围者名单。

复试在一周后的一天下午进行。与初试一样，应聘者也是集中在上一次的会议室中，由面试官出题，应聘者在规定时间内完成一件作品的设计稿。时间一到，面试官将全部作品送到专家组评审。与初试略有不同的是，面试官要求应聘者在现场等待。两小时后，专家组评审结束，面试官将作品发还给原作者，然后召集大家开会，公布考试的下一个环节：专家的意见和评分只占本轮考试的 50%，其余 50% 的分数由现场十位应聘者相互评审。应聘者有一点吃惊，这的确是奇特的面试。吃惊之余，所有人都按要求，各自带作品走到前台展示，讲解自己的创意和构思，其他人评分并写出简略评语。

最终，H和另外一位应聘者入选了。入职培训时，总裁道破了复试的奥秘。原来，最后进入复试环节的十名应聘者都是专家组眼中的佼佼者，相互评审更能证明自身的能力与素质。庸才看不见别人的才华，情有可原，如果人才也看不见别人的才华，就显得很狭隘了。我们不仅需要人才，更需要那些彼此欣赏、相互协作、团结共进的人才。

第五节　文化：组织活力的"黏合剂"

人们只有全面、足量而均衡地摄取营养，身体才会健康，也就是让你的每一个细胞都能获得全面均衡的营养，促使细胞修复、活化、再生，使其达到最佳状态。

那么，如何源源不断地为企业输送营养呢？企业文化便是发动机。

优秀的企业文化对企业发挥着重要作用。

首先，企业文化是一种"黏合剂"，也是一种凝聚力。企业需要通过它将广大员工紧密地粘合在一起，既要明确目的、步调一致，又要力出一孔，劲往一处使。从根本上说，凝聚力是企业经营哲学中的概念。如果经营目标既符合企业的利益，又符合绝大多数员工的利益，就说明该企业具备了产生凝聚力的利益基础。

其次，企业文化具有导向作用。这里的导向包括价值导向与行为导向。企业在经营目标的指导下，将全体员工黏合起来以后，通过完美的企业文化建设，让核心价值观与企业精神发挥无形的导向作用，从而将企业的利益与员工的意志统一起来，使企业更快、更好、更稳定地发展。

再次，企业文化具有激励作用。激励是一种精神力量。企业文化形成的文化氛围和价值导向是一种精神激励，可以形成强烈的使命感和持久的驱动力，成为员工自我激励的一把标尺。一旦"激励标尺"在员工中发挥了作用，就能轻松提高员工的自主管理能力、自主经营能力及活力，进而增强企业的执行力。

最后，企业文化具有约束作用。管理者用企业文化发挥"软"约束作用的结果就是员工知道哪些行为该做、哪些行为不该做。约束力的核心是使全员产生心理共鸣，提高员工的责任感和使命感，继而达到员工自动自发地控制行为的目的。

积极的企业文化强调创新、以用户为中心；消极的企业文化会破坏企业的氛围，导致员工在遇到问题时首先想到的是推卸责任，使任务完成进度变得一塌糊涂。企业文化是企业经营获得成功的结果，但不是企业走向成功的原因。如果企业需要通过培训、开会来宣传企业文化，那不是企业文化本身，而是倡导企业文化。

文化的活力始于学习但不止于学习。学无止境，企业文化的发展也是无止境的。英特尔公司总裁格鲁夫说："在这个快速变化的环境中，面对这么多强劲的对手，为什么我们始终能够保持竞争优势？因为我们清楚地意识到当今世界唯一保持不变的只有变化，所以，企业竞争的本质就是学习速度的竞争，我们要想拥有持久的竞争力，唯一的办法就是比别人学得更快。"只有企业学习的速度大于市场变化的速度，企业才能在市场竞争中取得成功。

从建立学习型组织的理论中我们可以得出这样的结论：先进的企业文化是组织变革的重要驱动力，使变革成为组织的自觉行为。通过建设崇尚变革、善于学习的企业文化，能够让员工乐于接受挑战、主动进行变革，并认可变革是组织发展的一部分。唯有如此，组织及其企业文化才能始终保持旺盛的活力，保持领先市场和竞争对手的优势。

第六节　机制：组织生命力保障系统

生命是脆弱的。生命要想存活下来，对外需要有良好的生存环境、健康的生态环境，对内需要人们精心呵护。同样，组织要想正常运行，也需要保障，这个保障就是机制。

从字面上解读，机制是指各要素之间的结构关系和运行方式。例如，改革开放以来，我国的经济体制从计划经济转向市场经济，背后包括了财税、金融、价格、社会保障等方面的改革，这些改革既推动了政府在社会经济发展中的角色转换，也为企业提供了公平竞争的舞台。1992 年 7 月，国务院颁布了《全民所有制工业企业转换经营机制条例》，这部条例通过宏观经济体制改革来改善企业的经营环境，为企业转换机制创造了外部条件。

在组织行为中，机制是为了达到某种目的而制定的相关规定、办法、措施等。

企业为什么要制定规范、设计业务流程？答案只有一个，那就是降低组织风险。科学完整的管理制度可以保证企业的正常运转和员工的合法利益不受侵害。

海尔集团的管理机制在中国民营企业中堪称"经典中的经典"。

　　海尔集团的管理机制是根据实际情况的变化而不断调整的。但是，无论怎样改变，它都不会背离海尔集团的愿景使命和价值观。海尔集团一直坚持严格管控产品质量，并在保证质量的基础上强调创新。与此同时，为了激励人才，海尔集团还创造性地提出了其"赛马机制"——人人是人才，赛马不相马；你能够翻多大跟头，就给你搭建多大的舞台。这样的人才理念和管理机制，极大地激励了员工，使公司长期处于一种快速发展的状态。同时，也为海尔集团从一个地区企业发展成国际性大企业打下了坚实的基础。

第三章

战略的生命力

那些所谓的"战略大师"谈论战略的方式令我深感失望。在他们看来，战略仿佛是高深莫测的科学方法。其实，那些方法只是烦琐而费力的数字堆砌，只会浪费人们的时间和精力，只能生产你并不真正需要的垃圾，让你陷入数据和细节中，捆住你的手脚。那不是制定战略，而是受罪。实际上，战略是鲜活的、有呼吸的、完全动态的游戏！战略是有趣的、迅速的、有生命力的！战略是非常直截了当的！

——杰克·韦尔奇

第一节 华为公司的三次战略转型及其启发

经过 20 多年的发展，华为公司将运营商业务做到了世界第一，并在短短几年内将消费领域的手机业务做到了世界第二。其成功得益于定好战略。

在华为公司的发展历程中，"活下去"是它始终坚持的最高目标，也是华为战略目标的最低标准。即使今天华为已经成为巨型跨国公司，任正非也坚定地认为，只有活下去，企业才有机会寻求更好的发展。如果企业连活着都是问题，发展就是一纸空谈。

在华为公司看来，战略要解决的是"做正确的事"，战术解决的则是"正确地做事"。因此，在制定企业战略的过程中，华为公司要求高级管理者一定要有系统思维，在思考未来的发展规划时一定要打开"望远镜"。在战略执行层面，要有推动战略落地的系统方法，要有"钉子"精神和"脚印"精神。1994 年，华为公司第一次参加在北京召开的中国国际信息通信展时，其展台上赫然写着："从来就没有什么救世主，也不靠神仙皇帝；要创造新的生活，全靠我们自己。"

下面，我们来看看华为公司的三次战略转型，从实践案例中领悟战略的本质。

一、第一次转型：起步期，农村包围城市

创立初期，华为公司在军人出身的任正非的带领下，借鉴了中国革命的成功经验，巧用、活用"农村包围城市"的战略，以市场需求和客户需求为导向，引导公司的研发方向。当时，诺基亚、爱立信、摩托罗拉、西门子等巨头几乎垄断了整个通信市场，而任何一个产品从研发到占领市场都会经历一个非常漫长的过程。在这种大背景下，处于起步阶段的华为公司要想活下来，只能从大公司未曾注意的农村市场切入。

尽管华为公司早期也卖过很多产品，包括代理交换机业务等，并因此赚到了"第一桶金"，但从那时起华为公司就已经积极探索研发，从一些小型交换机开始，慢慢进入中型、大型交换机领域。

在拓展国际市场时，华为公司也采取了"农村包围城市"的战略，先开发亚非拉这些"农村"市场。华为公司的这一战略思路很清晰，更可贵的是华为能够坚持战略、保持定力，能够承受"屡战屡败、屡败屡战"的磨练。最终，经过漫长的拼搏，华为公司在国际市场开花结果，创造了优秀的业绩。

二、第二次转型：实现国际化

1998 年，迫于国内市场的生存压力，华为公司启动了第二次战略转型，即实施差异化的全球竞争战略。华为公司国际化战略的形成主要基于以下重要因素。

1. 成熟的产品体系

经过多年的发展，华为公司的通信设备经过国内市场的检验和锤炼，其功能越来越成熟，几乎可以与国际巨头的同类产品相媲美，满足了世界各地客户的需求。

2. 优秀人才的储备

任正非曾说："作战队伍在能力与评价上，不能'贫血作战'。代表处在粮食充裕的条件下，为什么不可以养 23 级的专家及客户经理？在组织精简过程中，我们要允许做厚客户界面，尤其要在客户黏性岗位上配置优质人才，合理保留优秀人才。"

随着人才培养体系、干部队伍的建设，以及企业文化对提升人才凝聚力的作用日益增强，无论是在客户层面、服务层面还是产品层面，华为公司都拥有了一大批优秀的管理干部，包括客户经理、解决方案经理、交付专家及 HR 经理等，这些团队极具战斗力，完全有能力完成海外市场拓展、销售及产品的服务和维护工作。

3. 管理体系的提升

华为公司引入了很多咨询公司，并从 IBM 公司引入了 IPD（集成产品开发）\ISC（集成供应链）等流程。咨询公司的引入以及华为公司自身的积极消化和吸收，使华为管理系统的水平得到了大幅提升。

如今，华为公司在全球拥有 100 多个分支机构。其中，中东和非洲地区有近 40 个分支机构。目前，华为公司是南非第二大综合设备供应商。

应该说，华为公司的每一次战略转型都集合了很多要素，其中包括人力资源、产品和解决方案、管理流程等要素。华为公司坚持中国文化的中庸之道，在实现国际化的过程中注重把握一个度，既不断加大本土化力度，又积极防止过于本土化，否则，万一管理流程没有跟上，就很有可能导致管理混乱。从华为公司的发展轨迹看，不管是与国际接轨、实现全面的国际化，还是实施"本地化"发展模式，都没有离开总部强大的后台支撑。

三、第三次转型：由运营商客户向运营商 BG+ 企业 BG+ 消费者 BG 转型

如果说华为公司进行第二次战略转型是因为当时在国内市场的发展出现瓶颈，转型是被逼无奈，那么，华为公司的第三次战略转型则是主动的、积极的。早期创业时任正非就说过，如果全球通信设备行业也像三国那样三足鼎立，那么华为必是其中一家。华为与时代同行，从单纯面向运营商转向三个不同的 BG 业务领域。之前，华为公司的客户只有运营商，包括中国电信、中国移动等。第三次战略转型后，华为公司不仅拥有运营商客户（运营商 BG），而且开拓了很多行业客户、企业客户（企业 BG），同时面向终端的消费者（消费者 BG）。其中，面向终端的 BG 主要包括面向手机类产品及最终面向消费者的一些业务部门。

同时向这三个 BG 转型，这一战略构想在全球范围内都很少见，因为这三种 BG 的客户属性差异特别大，各自的关注点以及整个供应链的流程（包括研发流程、需求管理流程、营销流程等）的差异都是非常大的。目前

没有任何一家公司能同时做好这三个业务板块、维护好三种不同类型的客户群。

在第三次战略转型的过程中，华为公司也付出了一定的"学费"，经历了巨大的阵痛。如果将这三个业务板块用柱子来比喻，运营商这根"柱子"很粗壮，企业和消费者的"柱子"则很细小。优秀的团队和人才都愿意抱着粗壮的"柱子"，总会有意无意地忽略细小的"柱子"。庆幸的是，华为公司逐渐逾越了障碍，两根细小的"柱子"发生了非常明显的变化，也在慢慢变粗。有商业观察者指出，华为公司的第三次转型的实质是商业模式的转型与创新。

应该说，华为公司的每一次战略转型都是因为外部环境的变化，包括客户的变化、机会的变化及竞争格局的瞬息万变等。这给我们的重要启示是深刻洞察自身所处行业的价值链的变化，并做出积极的调整，才是战略生生不息的力量。

华为公司的三次战略转型带给我们哪些启发呢？

1. 没有选择，就没有战略

战略最基本的含义，就是综合运用资源来实现最终目标，总结成一句话就是：战略是一种选择。华为公司的三次战略转型实质上是三次战略选择。

《战国策》中记载了一个故事，魏王想攻打赵国，季梁劝他说："我在大路上遇到一个赶着车向北走的人，告诉我说：'我要去楚国。'我问他：'你要去楚国，为什么要向北呢？'他说：'我的马跑得快。'我说：'你的马虽然跑得快，但这不是去楚国的路啊！'他又说：'我的盘缠很充足。'我说：'你的盘缠虽然多，但这不是去楚国的路啊！'他又说：'给我驾车的人本领很高。'他不知道方向错了，赶路的条件越好，离目标就会越远。"

一家公司如果无法做出正确的选择，就会被时代淘汰，这样的例子不胜枚举。在数码相机发明以前的胶卷时代，柯达就是胶卷的代名词。2000年，柯达公司传统影像部门的销售利润曾达到143亿美元。然而，随着数码时代的到来，柯达公司错失了转型的机会。最终，柯达公司于2013年向法院提交了破产申请。

诺基亚曾经连续15年位居世界手机市场销售排名第一位。2006年，诺基亚占据了让其他手机厂商无比艳羡的72.8%的全球市场份额。然而，2007年安卓系统问世，诺基亚不能与时俱进，依然紧抱塞班系统不肯放手。到了2009年第二季度，诺基亚的亏损额已高达8.34亿美元。曾经的行业领跑者被竞争对手远远地甩开，许多观察家不禁叹息扼腕。

创业初期，华为公司从农村市场逐渐向城市市场拓展，看上去很无奈，但因为有所选择，所以从来没有失去主动权，几年之内就占据了非常高的市场份额。第二次转型恰逢通信行业全球化最好的时机，如果错过，华为公司的国际化之路将会遇到更大的阻力。第三次转型时，华为公司选择的是向服务和解决方案提供商转型。

2. 战略洞察

愿意选择很重要，会不会选择更重要。企业管理者经常会走到重大选择的十字路口，这时就非常考验管理者的战略眼光、战略思维和战略气魄了。企业的重大选择有很多，是加大投资，还是维持现状，或收缩战线？是以内生增长为主，还是以外延增长为主，或内外兼修？是继续在现在的赛道上辛勤耕耘，还是选择其他的方向？是纵向一体化，还是横向并购？是走代工之路，还是走自创品牌之道？是选择高端定位，还是选择平价路线？是完全控股，还是绝对控股，或是积极拥抱战略投资者？是商业模式创新，还是技术创新，或相关多元化，或混合多元化？

战略要求企业管理者必须站在更高的层面看待问题并做出选择。这个高度就是战略洞察。华为公司通过环境与价值分析，看行业趋势、看市场客户、看竞争、看自己、看机会，敏锐地洞察到了未来的战略机会点和机会窗口。其中最典型的就是最近的三大 BG 转型。

3. 战略制定、执行、评估与监控

大多数公司在制定战略时往往有两种思维的误区：其一，战略是管理者一个人制定的，并没有经过组织或系统的论证；其二，虽然制定了战略，但是不能有效执行，导致很多战略目标无法落地。

管理者在制定战略之前必须了解行业现状，分析底层逻辑，把握行业发展趋势。约翰·W.蒂兹曾说过，战略制定者的任务不在于看清企业目前是什么样子，而在于看清企业将来会成为什么样子。王兴刚创办美团的时候，外卖市场的市场增长率是 25%，整个市场规模只有 25 亿元左右，但在接下来的几年，外卖市场的市场增长率却变成了 40%、50%，市场规模也增长到了 5 000 多亿元。管理者只有善于做选择，才能制定出好的战略。

经过多年的实战，华为公司梳理出了一套科学的流程及应用体系，形

成了"以客户为中心，以目标为导向"的核心理念，以及卓有成效的战略管理框架：战略洞察、战略制定、战略解码、战略执行和评估。

在华为看来，战略制定的过程就是通过机会点确定与客户紧密联系的业务范围、价值定位，定控制点、定目标、定策略，确定中长期战略规划、战略方向、客户和市场战略、解决方案战略、技术和平台战略等，确定质量策略、成本策略、交付策略，即确定好目标，以目标为导向，把事情做对。

在战略执行、评估与监控层面，战略管理就是为了实现战略目标而开展的以终为始的管理过程。在年度业务规划执行的过程中，既要实现产品开发、平台、技术开发、运营管理等各方面的紧密配合，也要监控执行的过程，通过 PDCA 闭环实现持续优化。

在预定的战略节点，开展业绩与管理体系评估，进行绩效审视，评估项目绩效，进行团队与组织绩效管理、个人绩效管理，通过战略执行的总结优化，为下一轮战略流程做好准备。

第二节　为什么要重视战略

战略管理大师迈克尔·波特指出："一家公司只有保持与众不同，才能比竞争对手做得更好。"这个"与众不同"就是指战略。

很多民营企业普遍存在战略缺失现象，企业管理者不重视战略，对战略有很多偏见和错误认识。

1. 战略为组织指明方向

很多中小企业管理者认为战略是大企业独有的，不愿意把很多时间花在战略研究和设计上，这无疑是将战略神秘化了。战略是决定企业何去何从的关键，如果方向不正确，企业在发展道路上就会遇到麻烦。例如，有些企业明明在产品上不占优势，却仍然将所有资源都投入到某个产品中，完全不思考如何设计出差异化的产品。还有一些企业，明明在自己所处的市场内有强劲的竞争对手，却还要和竞争对手拼个你死我活。这些现象都说明企业的战略规划出了问题。

2. 今天的现状就是过去的战略导致的结果

战略决定了企业的未来，今天的现状就是过去的战略导致的结果。

有的企业管理者会说，三年的时间太长了，我们现在考虑不了那么远的事情。也许求生存是企业的现状，但是，正因为企业管理者只考虑生存问题，才导致接下来几年依然在考虑生存问题，而没有规划企业发展的核心竞争力。如果企业想未来发展得更好，就应该从现在开始进行系统规划和准备。

3. 战略决定着企业的运营

绝大多数企业经营失败，不是因为产品创新能力不足，而是因为运营错配。运营模型匹配不是点状的、局部的，而是一个系统化、全局化的工程，是财务、技术、产品、营销、人力资源等多个因素的聚合。企业整体运营价值链的各个环节必须按照企业既定的战略规划方向进行系统规划，只有这样才能体现企业的战略定位和策略。

4. 战略规划决定着企业资源的分配和投入

迈克尔·波特在《从竞争优势到公司战略》一文中指出，从产业的角度来看，要考虑一家公司应在哪些产业中竞争，以及如何进入这些产业；从竞争优势的角度看，要考虑整个公司如何提升自身的竞争优势。

企业的资源是有限的，要想形成核心竞争力，就要对资源进行最高效的分配，避免资源的浪费和低效使用。如果企业没有战略规划，企业对资源的使用情况就没有一个清晰的认识，也许会出现关键阶段没有资源可用的现象。阿里巴巴公司是从 B2B 业务起家的，然后才开始经营淘宝网。阿里巴巴公司创立淘宝网时，调入了大量的优秀员工，并利用 B2B 业务不断为淘宝网"输血"，集中所有的资源做推广，最终击退了竞争对手，建立了庞大的淘宝产业群。

　　完成战略系统规划之后，企业管理者要基于自身对内外部环境的了解，对经营范围做出明智的决策。这样就可以解决类似"市场区域范围选多大、设计几条产品线"等方面的问题，从而集中企业资源，实现经营目标，获得持续发展。

第三节 什么是好的战略，什么是坏的战略

好战略的底层逻辑是，当你有一个目标时，你做的事情及你对资源的匹配方式和这个目标应该保持一致。很多人认为战略只是指出方向，与行动没有关系，这种想法是不正确的。许多战略不是目标不诱人、不宏大，也不是目标不正确、不现实，而是没有想到要解决问题。

在绝大多数情况下，组织战略＝清晰的目标＋可以集中资源予以优化的点。

战略的本质并不是设定目标，而是通过一系列连贯性的行动解决问题。如果把战略定义为宽泛的理念而忽视具体行动，就会导致战略与执行的脱节。这就是坏的组织战略。

越来越多的企业管理者认为自己拥有战略，实际上他们并没有，或者拥有的只是忽视细节的坏战略。好战略能将有限的资源与行动匹配起来，督促团队成员实现某个目标。

举个简单的例子。假设两个人谈恋爱，决定 1 年后结婚，新组成的家庭的战略是：每年去 4 座城市旅行，夫妻俩的年收入超过 50 万元，并计划6 年内不生宝宝。那么，从现在开始，两个人就要为家庭的 3 个战略做准备：

从每人每月的工资里拿出一部分作为旅游经费，并通过晋升或开展副业等形式增加收入，提前与双方父母沟通好短期内不打算要孩子的计划。使目标与行动保持一致的战略就是好战略。

战略从来不只是一个想法，战略是集中资源做一件事的决心。在抗日战争期间，八路军采取打游击战的战略，以机动灵活的人民战争击溃了日本侵略者的机械化部队；在解放战争时期，在三大战役中，解放军集中力量各个击破，用优势兵力歼灭了国民党的中坚力量，实现了解放全中国的目标。所以，适合时宜的战略就是好战略。

虽然业内都认为京东的核心竞争力是物流和用户体验，但刘强东说京东的战略核心只有两个字——价值。京东制定的所有决策都基于每项业务能够带来什么价值，尤其是独有的价值。有人统计过，一件产品从生产车间到消费者手中，中间要经过 5 到 7 次转运，耗费了大量的时间和人力成本。京东强调自营并且坚持自建物流的核心目的是通过技术手段降低供应链成本，提升用户体验。

上市之后，京东确实经历了相当长的迷茫和挣扎时期，这主要体现在业务和管理上。刘强东在内部公开信中坦言，在业务上，京东一度让欲望代替了逻辑。"大家被太多机会吸引，什么都想做，但能力未必支撑。""大家投资了很多项目，最终发现自己并不具备'点石成金'的能力。""对许多新业务（如农村推广员、拍拍等）没有给予持续的投入和关注，缺乏耐心，最后浅尝辄止。"刘强东表示，在管理上，京东也遭遇了内部瓶颈。在公司规模急剧扩张的同时，管理、文化体系的搭建和更新并没有跟上。大企业病、傲慢、山头主义等问题开始出现，导致公司失去了活力，腐蚀了企业的竞争基础。

在种种因素的影响下，2018 年成了京东发展史中的"至暗时刻"。意识到自身的问题后，京东开始调整战略，从一家电商零售公司向以零售为基础的科技服务公司转型。战略逐渐变得清晰、明了、聚焦。刘强东在内部公开信中表示，京东的第一个梦想是坚定不移地转型为一家技术驱动型的供应链服务公司，第二个梦想是成为一家国际化的公司，在海外再造一个京东。刘强东还表示，京东的新使命将突出三个关键词——技术、高效、可持续。

第四节　管理者如何培养战略思维

不谋万世者，不足谋一时；不谋全局者，不足谋一域。企业管理者要有战略性的长远眼光和全局意识，带领大家规划好企业的未来。一部分管理者不管遇到什么问题，都只考虑解决问题，而不关注这个问题本身，这样做可能会使管理者在同样的问题上栽两次甚至更多的跟头。

战略思维是一种面向未来的思维，如果管理者眼里只有任务和短期目标，就会沦为普通的事务型管理者。具有战略思维的管理者既能解决企业眼前的问题，也能解决企业长期目标带来的选择问题。

那么，普通的管理者如何培养自己的战略思维呢？

1. 站在高层管理者的角度思考问题

有一句话是这样说的："替自己操心，你就是员工；替同事操心，你就是骨干；替团队操心，你就是经理；替老板操心，你就是高管；替社会操心，你就是老板。"

一个朋友曾和我聊起自己的职业发展问题。她说经理很支持她的职业发展，希望她成为一个区域的负责人，但她考虑到要换城市和工作时长等因素，并不确定要不要这样发展，所以她很纠结如何回应经理。对此，我劝她："你想多了，还没出发就开始担心这个担心那个。你以为有一个区域负责人的职位空缺在等着你吗？其实，经理只是想看你的承诺度，至于你是不是能做到、什么时候能做到，那是另外的问题。他就想知道，这人是不是我值得花时间去投资的。如果你现在就跟经理说，我不确定自己能不能胜任或喜不喜欢，那么经理从此在心里就放弃你了。"正确的回复应该是开放性的："感谢您的信任，我一定会努力的，您能不能指点一下我应该从哪些方面着手？"

要培养战略思维，就要学会站在经理的角度思考问题。

"现代管理学之父"彼得·德鲁克说过，"并不是高管才是管理者，每一位员工都应该像管理者一样思考。"如果你是一个 HR 专员，就不能只从人力资源管理的角度思考问题；如果你是一个财务专员，就不能只从财务管理的角度思考问题。你可以观察你的领导，看看他们是怎么工作的；对他们来说，他们的挑战和痛点是什么，是什么让他们晚上睡不着觉，他们在讨论工作时的高频词是什么。

你可以抓住领导相对空闲的时间，直接与领导沟通、交流、请教。你可以用问题推动结果，例如，你可以问部门目标怎么优化，问自己的工作方向是否正确，问自己该多学点什么。

只有这样，你才能培养自己的战略思维。

2. 阅读上市公司的财务报表

财务报表是企业经营状况的"晴雨表"，它反映了企业最真实的经营状况。财务报表不仅全面地说明了企业的盈亏状况，而且为企业的规划发展提供了依据。通过财务报表揭示的信息，普通管理者可以判断企业的战略选择，或者判断企业以往宣布的战略是否真的落地了。

2007 年年初，京东完成了第一轮融资——今日资本的 1 000 万美元。在此之前，已经在电商领域取得成功的京东决定建立仓配一体的物流体系。这样做的结果是使京东从轻资产型企业转变为重资产型企业。

如今，"以京东现有仓储布局为中心，横向面向中西部省份，纵向面向三四线城市、城镇乃至农村县乡拓展物流布局"的战略已经实现，这个物流体系成了京东的护城河，现在人们一提起京东就会想到它的快递和物流服务。这就是通过财务报表看懂战略。

3. 培养战略思维，好的工具是强大的帮手

根据 SMART 原则进行具体、可测量的描述，定义清楚何时、何人为这个指标负责，可以把看起来比较虚的战略愿景逐步细化和拆解，变成可操作的目标。

OGSM 是很多世界 500 强公司都在用的计划与执行管理工具，通常用来制订公司的策略计划即未来发展蓝图。

O 代表愿景（Objective），即描述团队存在的意义。

G 代表目标（Goal），是指衡量愿景成功的定量指标。

S 代表策略（Strategy），是指为了实现目标，你要思考"赢在哪里"和"怎么赢"。

M 代表指标（Measurement），是指把策略实现的过程描述出来。

OKR（Objectives and Key Results）即目标与关键成果法，也是一套很好的战略目标管理工具和方法。OKR 可以明确公司和团队的目标以及明确每个目标达成的可衡量的关键结果。在整个组织中共享 OKR 可以判断给员工制定的目标是否符合公司的总体战略发展方向、上级领导是否认可、任务优先级排序是否正确，这样组织的目标就明确了，员工的精力也会更加集中。

第四章

组织结构的生命力

在早期的企业中，人只是劳动的工具。要从"组织管人"的模式中解脱出来，就必须激发员工的能动性，发挥员工的"主人翁意识"。只有不断加强和提高员工的综合能力并促使他们创造新的价值，才能产生这种长期效益。

——高沙尔

第一节 找到你的组织目标

什么是组织目标?

目标决定了一个人做事的模式。组织目标决定了组织的做事方式。

有两家企业做的是一样的业务,但因为他们的目标不同,采用了不同的模式,所以得到的结果也不相同。

譬如我正在经营的 HRGO 属于人力资源平台,市场上的人力资源平台很多,但与其他人力资源平台不一样的是,我们的目标是让用户的能力和行为发生改变,所以我们推出了原创工具、学完退费、免费复训等一系列教学动作,从而获得了一大批忠实且热爱事业的优秀人力资源从业者与企业家。

一般来说,组织目标从何而来呢?

我的答案是:

看过去,目标来自于问题;

看现在,目标来自于期待;

看未来,目标来自于意义。

简单来说,目标从问题来,因为没有问题的目标是幻想;目标承载着

期待，没有愿望的目标都是空想；目标指向着意义，没有意义的目标就是
遐想。

对于我们每个人来说，不忘初心很难，但幻想、空想和遐想却很容易，
所以人们走着走着就会忘记了最初为什么出发。

组织目标决定了企业用什么方式前进。那么，该如何找到你的组织目
标呢？

一、组织目标为何如此关键

当企业处于快速发展阶段时，它往往面临这样一个问题：组织目标会
随着企业的快速发展而不断变化，导致对组织的要求也在不断提高，此时，
企业管理层却不能构建适应新目标的模式，反而觉得老目标更适合当下，
企业高层由此陷入纠结之中，在守旧与创新之间反复跳跃，使组织进入消
耗状态，最终导致组织失去竞争力。

所以，明确或确定组织目标非常关键，拥有了明确的目标，管理者就
会知道，做这件事的目的是什么，设计的模式与这个目标是否匹配，如果
不匹配你打算怎么办。

二、组织目标最大的"敌人"是谁

组织目标最大的"敌人"就是形式化。在日常管理工作中，很多管理
者会因为追求形式化而忘记了目标。例如，盲目跟风网红爆款产品，而忽
视了用户的真实需要。

三、顶级组织怎样看待组织目标

顶级组织永远知道自己的目标是什么，自己离目标还有多远，怎样实现目标，并且让行动、方式与目标不断匹配。顶级组织都不在乎形式，因为形式只是冰山上面看得见的部分。顶级组织不玩花样、不追潮流，他们只专注于看不见的部分——目标，那才是撬动效率的杠杆。只有确定了组织目标，组织结构、组织文化、制度设计、组织系统才会逐步形成，效率才会成倍地提升。因此，组织一旦出现问题，多半是由于目标不清、目标与行动不一致，逐渐偏离了目标所致。

四、什么样的组织目标是比较合理的

能够利用有限的成本和人才，做好大部分常规的事情，这样的目标才是合理的目标。这句话说起来简单，做到却很难。例如，一家公司用20%的投入就能收获80%的效益，而要想得到剩余20%的收益就要再多投入80%的资本，那么，这家公司最好的办法就是放弃那20%。追求极致的完美主义固然很好，但有些时候它并不能成为一个好的组织目标。投入高额成本，获得较低的收益，这样做实在没必要。除非组织目标中并不包括收益部分。兼顾效率和利益，才是合理的组织目标。

五、制定组织目标的方法

制定组织目标的方法是把组织外部目标变成组织内部目标。

假如某个组织的目标是获得行业认可，这就是"外部目标"，但有很多因素无法控制。例如，当行业内没有统一的评价标准时，外部目标就无法成立。

所以管理者应该选择"内部目标"，把目标设定在自己的能力范围内，并且制定一个目标分解计划书，将实现这个目标的步骤写下来。

没有目标，行动就无法落地；但只有目标，执行就会变得没有弹性。组织目标并不是几个任务列表的简单加总，而是一套需要随时跟进、调整的动态系统。

第二节　什么样的组织才是好的组织

关于组织，有以下两个概念。

1. 组织宽容度

衡量一个组织的宽容度的标准，就是组织是否具备让不同类型、不同个性、不同追求的人处在同一个组织中，能合理分工、通力配合形成整体创造力和竞争力的能力。组织是丰盛的、有弹性的，还是脆弱的、单薄的，取决于组织是否有宽容度。

2. 组织文化

随着组织规模的扩大，组织成员就会养成某种一致性，这种一致性就是文化。组织规模越大，文化的地位就越高。文化越好，组织抗风险能力就越强，组织的效率也会越高。

组织宽容度和组织文化都非常卓越的组织，即使重新调整组织架构、划分部门、进行制度和流程调整、重新配置资源……组织成员依然能够同心协力、一起战斗。这样的组织就是好的组织。

松下电器产业公司（以下简称松下电器）是松下幸之助创立的一家跨国

电器企业，它是世界上最大的家电公司之一，松下电器的事业部制组织结构被公认为是其成功的重要因素之一，它采用分级管理、分级核算的形式，将公司的管理分为总公司和事业部两级。

总公司设最高领导层，有独立健全的职能机构，总公司下面按产品建立事业部。事业部也设有一套职能机构，事业部部长对事业部的经营管理负责。由于事业部自负盈亏、独立核算，因此它可以让各部门积极主动地参与工作，专业化分工更细。

采用事业部制为松下电器带来了以下两大优势：

（1）可以让最高管理部门摆脱繁琐的行政事务，把精力集中在组织的战略和决策上；

（2）给予事业部很大的自主性，有利于其发挥主动性和积极性，引导组织的专业化运行。

另外，松下电器针对事业部制可能给组织带来的弊端，如整体性降低、事业部本位主义增强、管理部门变多、机构设置重复等问题给出了解决方案：

第一，设立严格的财务和会计制度，事业部的财务主管直接向总公司报告财务状况；

第二，建立公司银行，管理公司和各事业部的利润，各部门向总公司寻求财务支持时必须向公司银行贷款；

第三，集中人事管理权，所有员工入职都要经过总公司的审核；

第四，所有管理人员的职位变动也要经过总公司的审查；

第五，采取集中培训制度，为松下员工培养松下价值观。

这样，松下电器就形成了一种分权与集权的结合。

第三节 向百度公司学组织搭建

作为互联网头部企业的百度公司，其组织架构十分具有参考价值。

2011 年，百度对原有的组织架构进行整合，形成了销售体系、商业运营体系、用户产品与技术体系、商业产品与技术体系（含云计算及无线技术）四大业务体系（如图 4-1 所示）。

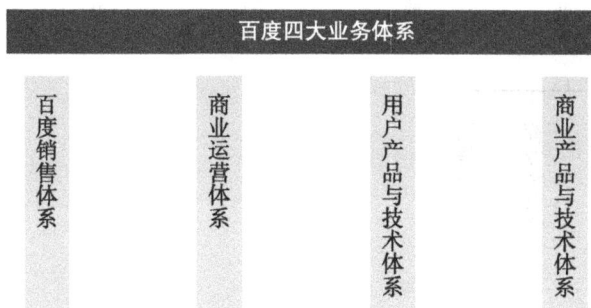

图 4-1 百度公司 2011 年时的四大业务体系

- **百度销售体系**：将百度所有与销售有关的部门（直销分公司、渠道部、大客户销售及搜索引擎营销部等）统一整合为销售体系。

- **商业运营体系**：将所有与商业运营有关的部门（商业应用产品市场部、服务管理部、业务运营部、联盟事业部、商务搜索部等）统一整合为商业运营体系。

- **用户产品与技术体系**：将原有的用户产品研发体系及客户端部门整合为统一的用户产品与技术体系。

- **商业产品与技术体系（含云计算及无线技术）**。

2011 年至 2013 年，百度积极布局移动互联网，陆续成立移动云事业部、国际化事业部、LBS 事业部，并开拓新兴业务领域，后来又组建了"前向收费业务群组"和"搜索业务群组"。至此，百度公司形成了传统搜索、前向收费、移动云、LBS、国际化等多元化业务布局（如图 4-2 所示）。

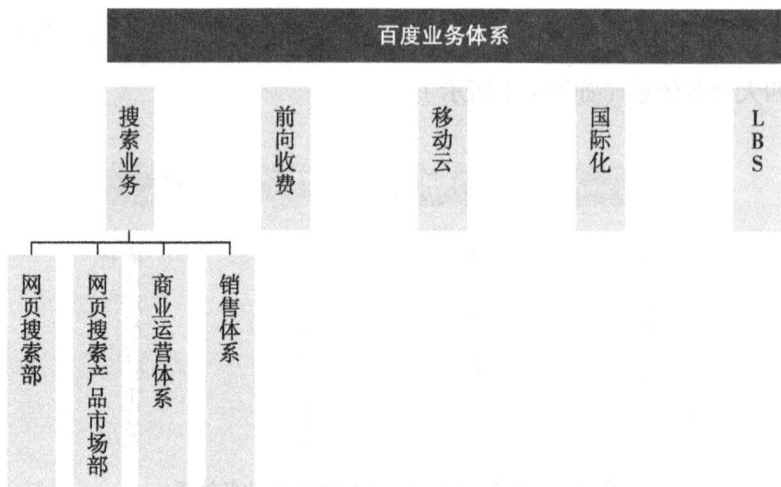

图 4-2　百度公司 2013 年时的业务体系

2015 年年初，百度再次进行了组织架构的重大调整，在移动业务、搜索业务和新兴业务以外新增了金融服务事业群组（FSG）。百度公司的业务体系如图 4-3 所示。

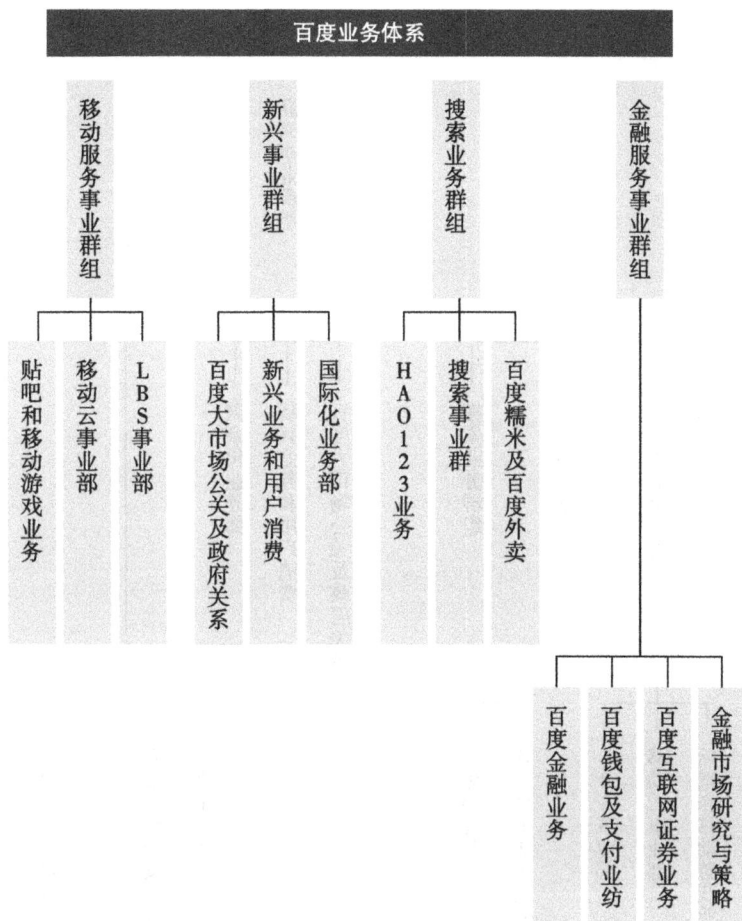

图 4-3　百度公司 2015 年时的业务体系

2016 年 4 月 13 日，李彦宏发表内部信，宣布新的组织架构调整的重大决定：成立百度搜索公司。搜索业务群组（SSG）、移动服务事业群组（MSG）、糯米事业部统归百度搜索公司管辖（如图 4-4 所示）。

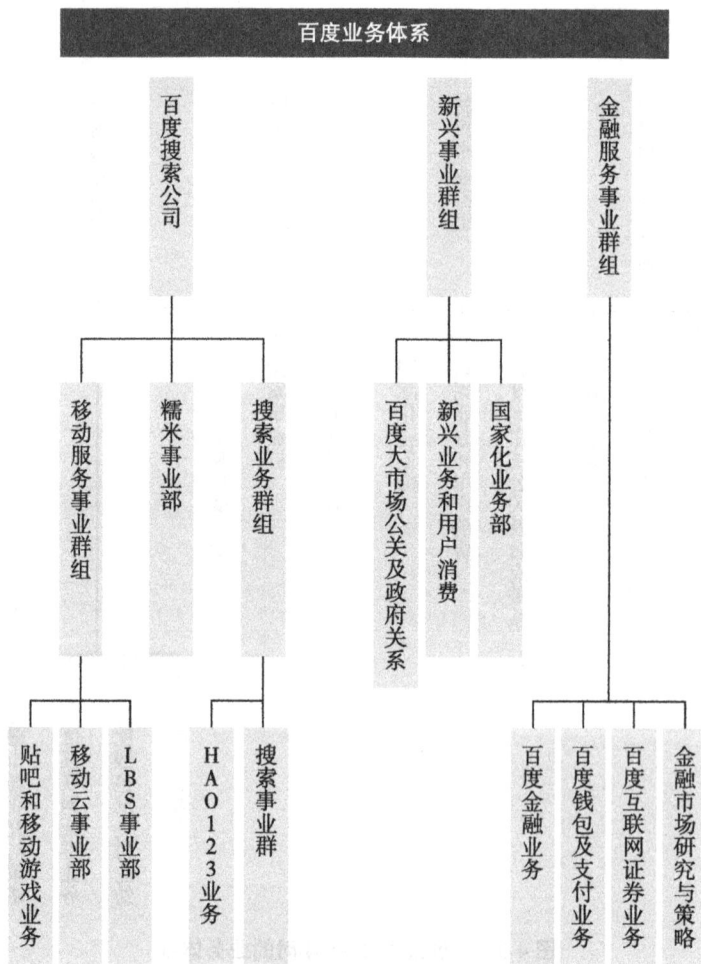

图 4-4　百度公司 2016 年时的业务体系

对于此次调整的原因，李彦宏解释道："多年积累的人工智能，特别是深度学习方面的技术，正逐步在各个领域发挥着无可替代的作用。互联网金融服务、无人驾驶技术、开放云等一系列新业务的诞生，标志着大家开启了新的征程，在更广阔的领域开疆扩土。"也就是说，百度公司将在原有以搜索为核心业务的事业群组之外，利用人工智能和深度学习在其他领域进行开拓。

2017 年年初，百度将在人工智能领域拥有超高造诣的前微软高管陆奇任命为百度集团总裁兼首席运营官。这次人员变动意味着百度的重心开始向人工智能业务倾斜，这也促进了百度的第五次组织架构调整。

陆奇以"夯实移动基础"和"决胜 AI 时代"作为战略出发点，按照与核心业务相关联的程度和业务的战略级别，将百度的业务划分为四个象限（如图 4-5 所示），庞杂的百度业务被梳理出了轻重缓急。

百度战略"四象限"

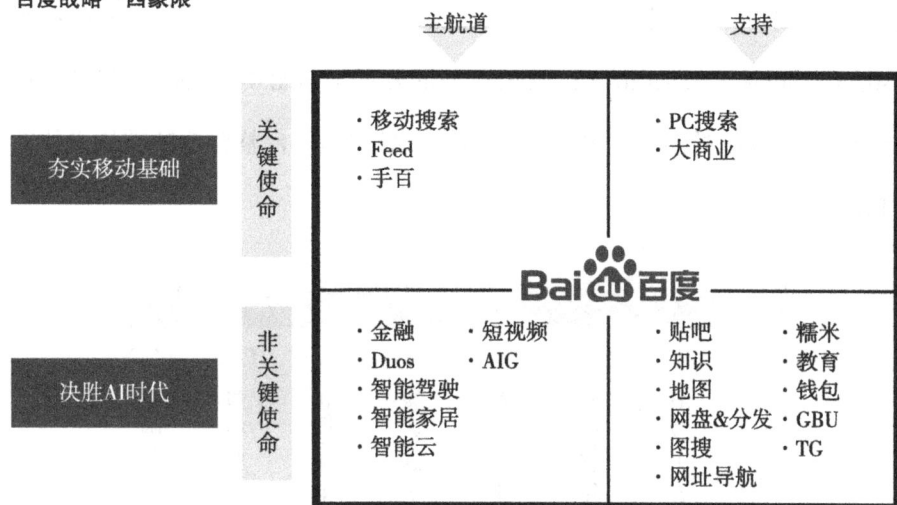

图 4-5　百度战略"四象限"

2018 年 5 月，陆奇离开百度公司。百度公司的转型和调整在一年后戛然而止。

陆奇离任后，百度公司的组织架构重新做出调整。在搜索公司（SSG）、新兴业务事业群组（EBG）、金融服务事业群组（FSG）外增加 AI 技术平台体系（AIG）、智能驾驶事业群组（IDG）、智能生活事业群组（SLG），形成百度公司的六大事业群组业务架构，如图 4-6 所示。

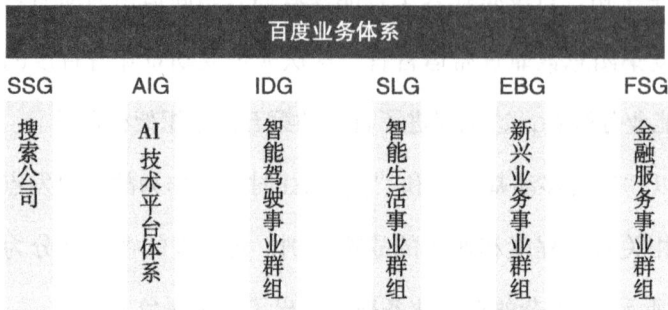

百度业务体系					
SSG	AIG	IDG	SLG	EBG	FSG
搜索公司	AI技术平台体系	智能驾驶事业群组	智能生活事业群组	新兴业务事业群组	金融服务事业群组

图 4-6　百度公司 2018 年年中的业务体系

2018 年 12 月，李彦宏宣布将智能云事业部升级为智能云事业群组（ACG），同时承载 AI to B 以及云业务的发展（如图 4-7 所示）。另外，搜索公司及各 BG 的运维、基础架构和集团级共享平台整合至基础技术体系（TG）。

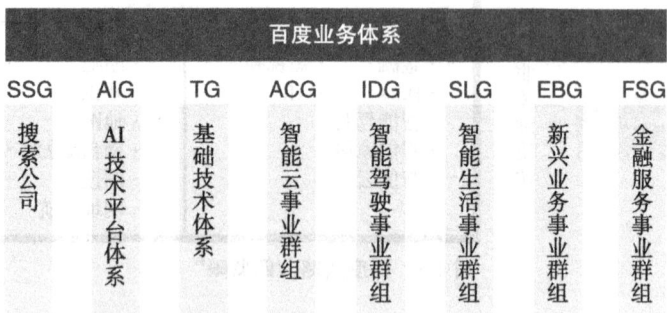

百度业务体系							
SSG	AIG	TG	ACG	IDG	SLG	EBG	FSG
搜索公司	AI技术平台体系	基础技术体系	智能云事业群组	智能驾驶事业群组	智能生活事业群组	新兴业务事业群组	金融服务事业群组

图 4-7　百度公司 2018 年年底时的业务体系

2020 年 1 月 8 日，AI 体系做了组织架构升级，原来 AIG（AI 技术平台体系）、TG（基础技术体系）、ACG（百度智能云事业群组）全部整合为"百度人工智能体系"（AI Group，缩写为 AIG）。具体组织架构如图 4-8 所示。

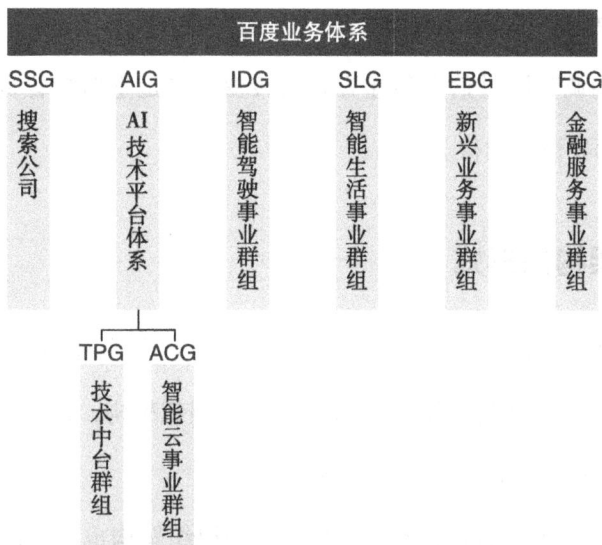

图 4-8　百度公司 2020 年时的业务体系

百度公司的一系列组织变化，带给我们以下思考。

一、组织架构及其展现形势

组织架构是公司内部传递信息的脉络。调整组织架构有利于提高信息传递的效率，进而实现组织成员目标一致、高效协同。组织架构调整的展现形式就是换一条路来传递信息。调整组织架构带来的人员变化是很正常的，一个组织及其人员如果长期不变，就说明组织可能存在问题。

二、谨慎调整组织架构

调整组织架构意味着企业在进行权力、金钱和人员的调整。

一张组织架构图的背后，反映了从高层管理者到基层员工的责任、担当和权力，决定了每个岗位、部门和人员的利益分配。

组织架构调整既是信息传递方式的转变，也是重新配置责、权、利关系，企业必须要慎重对待。

三、组织架构的形式

目前，主流的组织架构有很多种形式，如事业部制（M）、职能制（U）、矩阵制、直线制、网络型组织、产品型组织架构，还有海尔的自主经营体、阿米巴经营模式、中台模式等。

每一种组织架构都有其不足之处，一种组织架构也不可能完全适配一家企业。企业需要根据自身情况随时调整自己的组织架构。

四、组织架构调整后的注意事项

组织架构调整后，企业管理者需要注意以下三件事：

（1）让每位员工快速了解组织架构调整背后的战略意图；

（2）让每位员工明确在新的组织架构下自己的职责；

（3）保护企业文化，不能因组织架构调整而改变企业文化。

五、照搬成功企业的组织架构是否可行

有些企业调整组织架构是为了业务的横向扩展，有些企业是为了纵向打通数据，有些企业是为了提高内部的分工效率。

不同的企业调整组织架构的目的不同，如果盲目照搬，最后也许会砸

了自己的脚。

六、职能制组织架构有哪些优势和问题

目前，绝大部分企业采用的是职能制的组织架构。这是一种纵向的、直接的组织方式，它有利于保障每个部门拥有唯一的指令源，组织纪律性强。但职能制组织架构的问题也很明显，就是由于不按照产品划分部门，并且不按照产品进行独立结算，企业对不同产品系列的重视程度会各不相同。

目前，很多企业都在着手从职能制组织架构向产品型组织架构转变。腾讯公司的微信就是由张小龙全权负责管理和运营的独立的产品线。不过，产品型组织架构对企业的体量和资金有着非常高的要求，对中小企业来说，还是职能制组织架构比较适合。

第四节　强化组织能力是关键

很多人都看过《灌篮高手》这部漫画，"白发恶魔"安西教练一手打造了有组织能力的湘北队。在曾是一盘散沙而在安西教练的指导下快速成长起来的湘北队中，每个球员的天赋、能力、年龄都不占优势，但他们经常能以弱胜强。这是典型的优势互补，从而具备超强组织能力的体现。

组织能力的核心就在于用团队能力弥补个人能力的不足。

曾经在外企中担任中高层管理者的职业经理人，他们拥有非常强的管理能力，但他们创业的成功率往往不高，因为他们的管理能力侧重于控制。

但一些大型民营企业的中高层管理者往往可以创造出一个"行业巨头"。例如，滴滴的程维是从阿里巴巴公司出来的，蘑菇街的陈琪也是如此，因为他们的组织能力往往侧重于释放。

组织能力包含哪些能力呢？

组织能力包含上、中、下三个层面的组织能力：

上层组织能力包括愿景／价值观、组织文化、领军人物的影响力；

中层组织能力包括内部共识、项目打造能力、组织绩效；

基层组织能力包括复盘能力、执行能力、业务知识水平。

管理大师彼得·德鲁克在《公司的概念》一书中说道，第二次世界大战时期，德军是最强的作战部队，但德军有一个特点，就是头重脚轻。德军的作战部队占到总人数的 50% 以上，配套的后勤、医疗、通信等人数比较少。

美军则不同，在美军的组织架构中，后勤部队和主战部队的人数一样。这反映出美国是把军队当成完整的系统来对待，它追求的不是精锐的作战部队，而是军队的整体效能，这就是一种组织能力的体现。

好的组织能力都是基于人性去设计的。

吉利公司鼓励一线员工将在工作中发现的流程或工艺上可以优化的地方申请专利。不过，虽然生产一线的员工有很好的动手能力，但是并不擅长写专利。为此，吉利公司专门聘请专利事务所帮一线员工执笔。只要员工申报专利成功，公司就会发红包以示奖励。虽然一半以上的专利利用率很低或者根本不实用，但吉利公司非常看重这件事情。即便一部分员工每个月的专利奖励费比工资还高，吉利高管层也坚信：一百个提交的专利中只要有一个非常实用，收获就远大于专利奖励费的支出了。

根据人性管理组织，再服务于组织目标，这就是高级的组织能力！

现在，很多企业依然在学习阿里巴巴公司的三板斧和六个盒子，不是说这两个工具不好，而是这两个工具已经是 10 多年前阿里巴巴公司在用的工具了。现在外部环境已经发生巨变，员工群体也在向"90 后"和"00后"倾斜，如果其他企业依然强调原汁原味的三板斧和六个盒子，就相对落伍了。

HR 从业人员在组织能力建设方面能做哪些工作呢？

我认为，HR 从业人员可以聚焦以下两件事。

（1）让优秀的人在一起多磨合，使大家的能力和工作的界面紧密地咬合在一起。

（2）保证公司里优秀的人能紧密地团结在一起，形成一个非常坚硬的内核。这需要 HR 从业人员打造高效的内部沟通协作模式，让信息在组织中高效流转。

第五节　组织变革激活组织生命能量

一、组织变革的概念

每一个组织都需要通过变革让自己变得更好。组织变革就像是人在开车，左右两边都是实线。靠左一点，组织就会失控，你需要扭动方向盘，让它往右一些；靠右一点，组织就会僵化，你也需要扭动方向盘，让它往左一点。

只要组织还在运行，组织变革就是所有管理者一直要面对的课题。

任何企业的组织架构都会过时，管理模式也会落伍，要想让企业变得更好，企业只有变革这一项选择。优秀企业都是在不断变革、不断学习中成长起来的。

华为公司创始人任正非曾签发一份针对 2019 届顶尖学生的总裁办电子邮件，内容是对其实行年薪制管理。根据这份邮件，华为公司为八名 2019 届顶尖学生提供了高薪，这八名员工的年薪最低为 89.6 万元，最高为 201 万元。

为什么给出如此高的年薪呢？任正非说："用高薪抢夺顶尖人才，华为公司只是走在了中国公司的前面。那些世界计算机竞赛的冠军、亚军都被谷歌公司用高薪挖走了。在硅谷，年薪超过百万的科技公司比比皆是。华为过去的人才结构是一个封闭的人才金字塔结构，金字塔本身也是封闭的系统，限制了组织模型并造成了薪酬天花板，我们要形成开放的人才系统。"华为公司此举旨在通过薪酬等方面的变革，吸引更多优秀的人才。

这就是组织变革的意义之一。

二、组织变革的重要性

高沙尔认为，许多名企由盛转衰可以归咎于以下两个原因：

第一，昨天的制胜之道变成了今天的惯性思维，企业会形成组织惰性；

第二，组织变得傲慢自大，把过去借助多种因素获得的成就归功于管理者个人的决策和实践，过于相信自身的能力，低估竞争对手，并将客户看作自己的俘虏。

所以，公司需要坚持下面几个管理理念：

第一，培养一种坚持更新、永不知足的变革意识；

第二，提高组织的灵活性，培养组织的多面性，引导员工接触尽可能多的观点，形成价值创造的源头；

第三，提高组织协调能力。

三、组织变革中的阻碍

著名管理大师彼得·圣吉在《变革之舞》一书中总结了组织变革遇到的十大挑战。

（1）无暇顾及：变革者没有充裕的时间对变革产生的重大问题进行思考并反复实践。

（2）缺乏帮助：变革没有得到上级领导必要的支持和帮助，也缺乏必要的培训、辅导与协助。

（3）毫不相干：组织成员看不到组织变革能为企业、部门及个人带来的好处。

（4）言行不一：变革者倡导的新价值观、新工作行为、新领导风格与他们的行动格格不入。

（5）焦虑恐惧：变革者担心变革措施会影响自己的地位、前途，以及与他人的关系。

（6）此路不通：由于企业未能采取恰当的方法与程序测量变革取得的进步，甚至对变革的结果做出了负面评价，导致组织成员得出了"变革之路不通"的结论。

（7）傲慢孤立：组织的其他成员对变革者心存抵触情绪，甚至拒绝配合，使变革者陷入孤立无援的境地。

（8）无人负责：变革者要求更多的自主权，但是上级领导担心权力失控而不愿分权，结果造成变革者不愿承担责任。

（9）原地踏步：组织内部没能及时沟通变革的信息，导致变革经验无法在组织内部推广。

（10）走向何方：由于企业的未来有许多不确定性，导致组织成员充满焦虑与不安。

四、组织变革的成功要素

1. 打造氛围

管理者必须在组织内部营造出变革的氛围，即变革的紧迫感，这件事情需要 HR 从业人员和企业管理者共同完成。

2. 成立小组

和危机意识比较强的人组成变革领导小组。企业管理者要精心选择变革的领导团队，要找对的人参与变革。如果找错人，组织变革就可能胎死腹中。

五、组织变革中最容易忽视的事情

成功的组织变革会为组织内部的核心人才提供更多的接口，以便于发挥人才的能动性，给他们留出更多施展个性的空间。

传统组织只是把任务下达给个人，中层管理者只关心他的 KPI，很少有人关心员工的兴趣和内在动力。所以，在组织变革中，开放组织的接口可以帮助组织培养更多的优秀人才。

第六节 腾讯公司的组织发展全景图

腾讯的组织架构采用的是三支柱模型，即 COE（人力资源专家中心）、SSC（人力资源共享服务中心）、HRBP（人力资源业务伙伴）。在三支柱模型下，人力资源部已经成为 COE 中的一个部门，旗下包括招聘调配中心、组织发展中心、活力实验室。具体架构如图 4-9 所示。

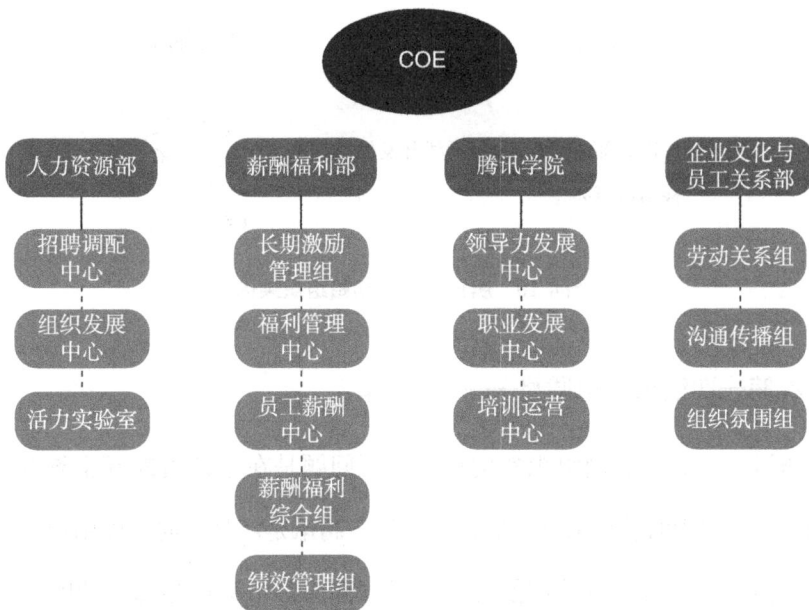

图 4-9 腾讯 COE 架构图

这样做的好处在于，可以减轻人力资源部在事务性工作方面的负担，把更多的精力投入招聘与组织发展工作中。

腾讯公司的组织架构调整情况如下。

1. 初始时期的组织架构

当初腾讯公司的规模还比较小，只有一个核心产品 QQ 时，它的职能制组织架构如图 4-10 所示。

（1）M 线—市场：包括市场部、移动通信部。

（2）R 线—研发部门：包括无线开发部、基础开发部。

（3）职能部门：包括总办会议（领导班子 +M 线 +R 线负责人）。

初始组织架构		
M线—市场	R线—研发部门	职能部门
市场部 移动通信部	无线开发部 基础开发部	总办会议 领导班子 M线 R线负责人

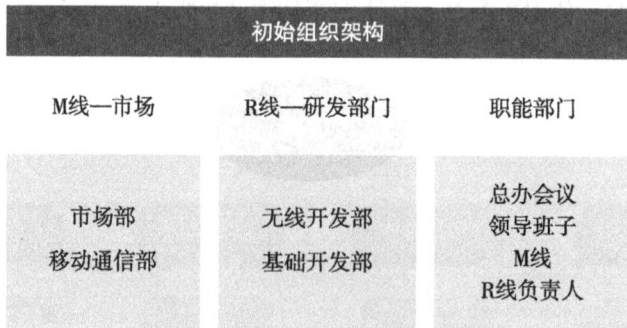

图 4-10　腾讯公司的初始组织架构

2. 第一次组织架构调整——2005 年

腾讯公司的职能制组织架构首次出现问题是在它开始进行业务多元化布局后。按照当时腾讯 CEO 张志东所说："腾讯是产品导向，以用户体验为中心。但是，当时所有的职能部门、研发部门都不买产品部门的账，产品部门根本影响不了研发部门，即使产品做得好，研发部门也得不到激励。"

眼看着原有组织架构管理混乱，导致业务被掣肘，腾讯管理层痛定思痛，展开了第一次大规模的组织变革。

这次组织变革有两个重点。一是推出 BU（Business Unit）事业部制，其结构包括：

- 企业发展系统；
- B 线业务系统包括 B1 无线业务、B2 互联网业务、B3 互动娱乐业务及 B4 网络媒体业务；
- R 线平台研发系统包括 R0 平台研发部线、R1 即时通信线及 R2 搜索业务线；
- 运营平台系统；
- 职能系统。

二是规定各事业部的 EVP（执行副总裁）负责整个业务，这相当于在每个业务部门都增设了一个 CEO。

这次调整使腾讯公司从单一的产品变成了一站式的生活平台，开始了规模化的生态协同之路。

腾讯公司调整后的组织架构如图 4-11 所示。

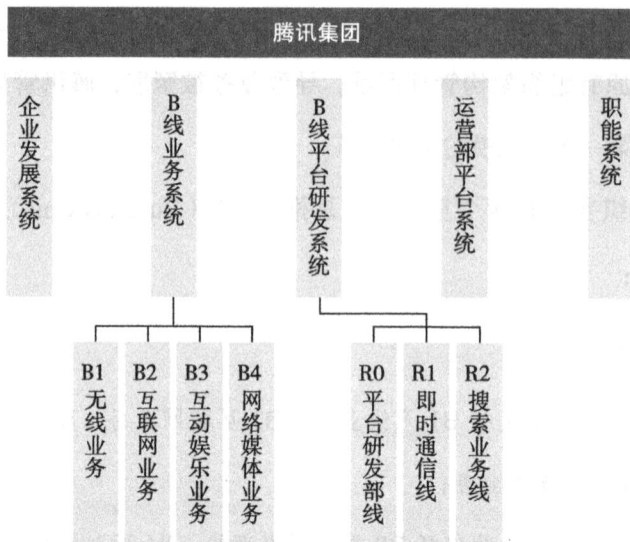

图 4-11　腾讯公司第一次组织架构调整后的架构图

3. 第二次组织架构调整——2012 年

2012 年，为了便于公司内部协调业务，减少部门之间相互扯皮和恶性竞争的情况，更好地满足用户的新需求，应对新技术、新业务模式层出不穷的挑战，腾讯公司提出进行第二次组织架构调整，即 BG（事业群）化。

马化腾在写给员工的公开信中表示："这次调整的出发点是按照各个业务的属性，形成一系列更专注的事业群，减少不必要的重叠，事业群内能发挥'小公司'的精神，深刻理解并快速响应用户需求，打造优秀的产品和用户平台，并为同事们提供更好的成长机会。同时，各事业群之间可以共享基础服务平台以及创造对用户有价值的整合服务，力求在'一个腾讯'的大平台上充分发挥整合优势。"

经过这次调整，公司成立了六大事业部：由企业发展系统组成的企业发展事业群（CDG）；由管家团队和互动娱乐线组合形成的互动娱乐事业群（IEG）；由原来的无线部门与搜索研发线的部分部门构成的移动互联网事业群（MIG）；由原来的网媒部门继承了网络媒体事业群（OMG）；由即时通信部门、社交部门、QQ会员产品部等除电商外互联网部门形成的社交网络事业群（SNG）；由原来的运营线、平台研发线的研究院、CDC、搜索研发线的部分部门组成的技术工程事业群（TEG）。另外，腾讯公司还将电商单独拆解出来，成立了腾讯电商控股公司（ECC）。

此时的组织架构如图 4-12 所示。

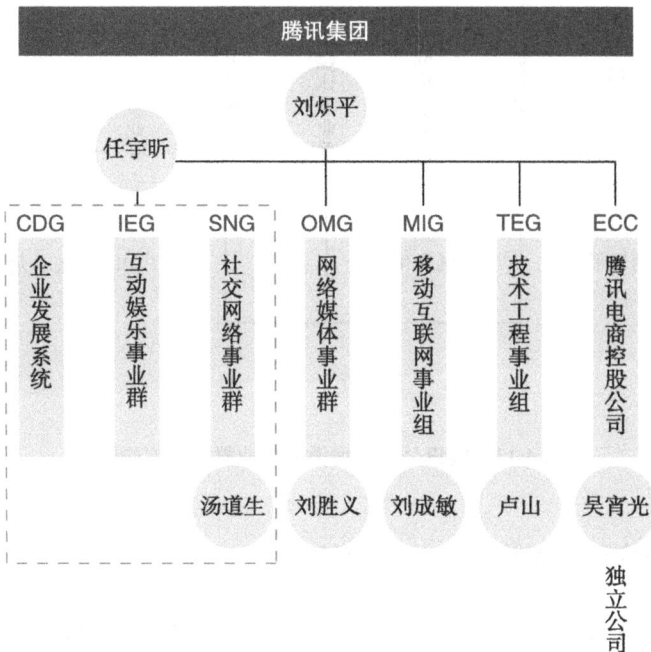

图 4-12　腾讯公司第二次组织架构调整后的架构图

4. 新增微信事业群——2014 年

2014 年，由张小龙团队开发的微信异军突起，于是腾讯新增了微信事业群。微信事业群由张小龙担任总裁，负责微信基础平台、微信开放平台，以及微信支付拓展、O2O 等微信延伸业务的发展。同时，此次变革撤销了腾讯电商控股公司，将 O2O 业务全部并入微信事业群。此时的组织架构如图 4-13 所示。

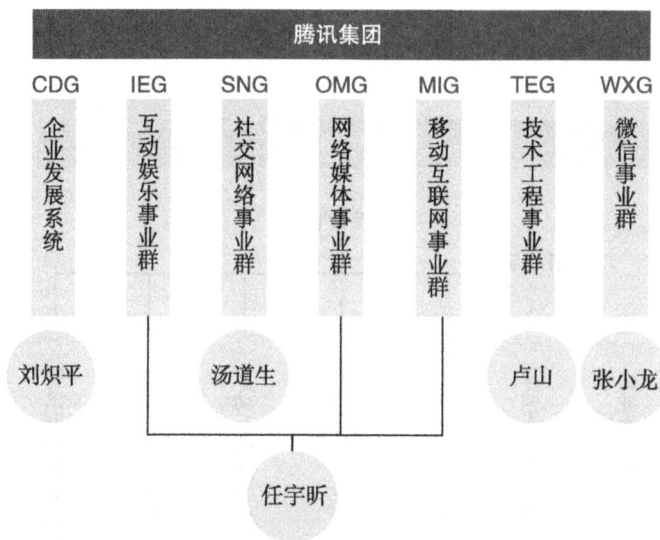

图 4-13　腾讯公司新增微信事业群后的架构图

5. 第三次组织架构调整——2018 年

2018 年 9 月 30 日，腾讯再次宣布进行组织架构调整决定，重新整合原有七大事业群（BG），新成立了云与智慧产业事业群（CSIG）、平台与内容事业群（PCG），原有的企业发展事业群、互动娱乐事业群、技术工程事业群、微信事业群保留，如图 4-14 所示。

此次组织架构调整还包括成立技术委员会，通过内部分布式开源协同，加强基础研发，打造具有腾讯特色的技术中台等一系列措施。

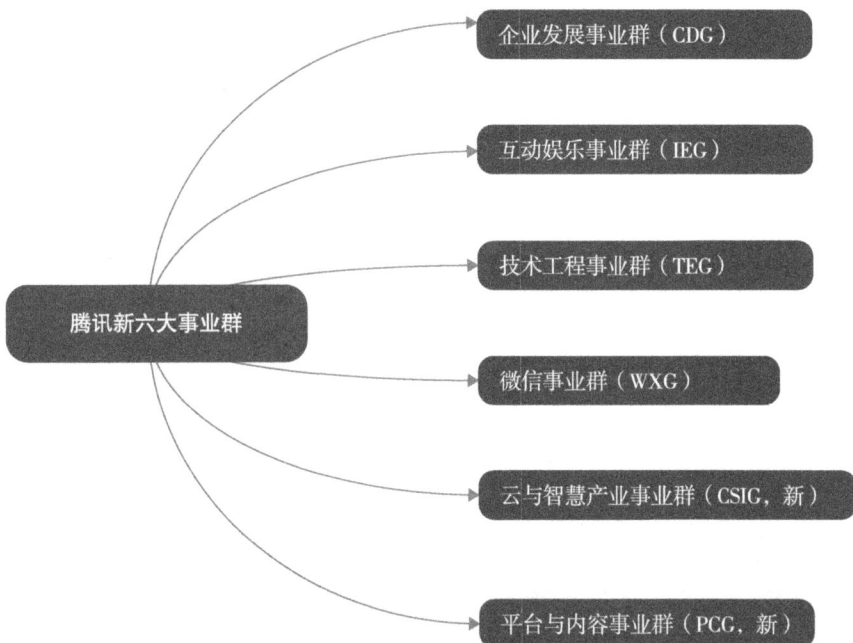

图 4-14　腾讯公司第三次组织架构调整后

马化腾将这次组织架构调整归结为三个关键点："革新""升级""腾讯迈向下一个 20 年的新起点"。他认为，互联网的下半场属于产业互联网，"通过连接为用户提供优质服务"的上半场竞争已经结束，下半场应着力于"助力产业与消费者形成更具开放性的新型连接生态"方面的竞争。

第五章

人才的生命力

> 卓越企业具有决定性意义的成功，不是市场，不是技术，不是产品，而是招聘并留住优秀的员工。
>
> ——吉姆·柯林斯

组织中的人才也有生命周期，人才生命周期大致分为引入、成长、成熟和衰退四个阶段。HR 从业人员应根据人才生命周期各个阶段的特点采取相应的培训与管理措施。

第一节　小米和字节跳动是怎样吸引人才的

创业公司都想寻找志同道合的合伙人，寻找勤奋、有激情、有潜力的人才。

大企业不仅需要不断地创新突破，寻求新的业务增长点，同样需要制定人才落地战略。

所以，关于人才这个话题，小企业有小企业的烦恼，大企业有大企业的困惑，企业成长的每一个阶段都面临着人才不足的困境。

创业公司最重要的是吸引人才，更准确地说是吸引合伙人，但是很多候选人对刚起步的创业公司并没有太多的信心。

小米公司在创业之初，创始人雷军在寻找人才时也遇到了不少困难。众所周知，小米是家创业公司，起初没有名气，几乎没有人才主动上门求职。雷军只好主动出击寻找人才，只要发现合适的候选人，就会想方设法地留住他，把他变成小米团队的成员。

雷军在寻找人才的过程中，付出了巨大的努力，他称自己前半年80%的时间都用于寻找人才，最后终于找到了7位联合创始人，组建了独一无二的小米团队。就连小米的前100名员工也是雷军亲自面试招聘进来的。这些优秀的人才为小米的发展打下了坚实的基础。

雷军找人有一个秘诀就是与候选人真诚沟通，努力建立双向信任。

小米公司在创办之初非常缺乏硬件人才，雷军通过不懈寻找，终于找到了一个满意的候选人L先生，L先生也答应来公司面谈。雷军与团队采取"车轮战"的方式，轮番上阵与L先生面谈。雷军与他的团队从下午1点开始与L先生面谈，谈了4个小时还没有结束。L先生从洗手间出来后，雷军告诉他："该吃晚饭了，我把饭订好了，吃完饭咱们继续聊吧！"吃完饭，雷军与他的团队和L先生一直谈到了晚上11点，仍没有要结束的意思。最终，L先生认为虽然创业公司的收入不稳定，但是创业团队对他很真诚，便答应担任小米手机硬件结构工程负责人。

雷军和他的团队为了吸引人才，不惜花费10个小时与候选人沟通。他们认可L先生的才能，真诚地与L先生交谈，逐渐消除了L先生对薪水、公司发展的顾虑，最终赢得了L先生的信任。这个案例告诉创业者和管理者，要想吸引人才就必须尊重人才，与其真诚沟通，快速建立双向信任。

2021年，字节跳动公司做出决定，计划上半年为应届毕业生提供6 000多个工作岗位，全年计划招聘12 000人。

大家都知道，校招一般分为秋招和春招两种，这两季要招聘12 000人，

HR 从业人员的工作量可想而知。从本质上说，校招就是 HR 从业人员的战场。

在每个校招季，每家公司的 HR 从业人员都会摩拳擦掌，像销售员推销产品一样推销公司的职位。字节跳动公司 HR 从业人员的以下四个做法，非常值得大家学习！

1. 至少提前 8 个月确定次年的招聘主题

也就是说，至少在每年的 11 月底，招聘部门就已经确定了第二年的招聘主题。

2021 年字节跳动的校招主题是在更大的世界，做最好的自己。

主题是校园招聘工作的灵魂。招聘主题为排期、设计方案、实施方案、面试、入职等环节提供了明确的指向性内容，还要呈现在所有的对外宣传素材中。

主题不仅用于吸引应聘者，还能给大家一个十分明确的目标和使命感，如同乔布斯力邀百事可乐的总裁斯卡利入伙时，曾经问他的一个问题："你是想卖一辈子糖水，还是想跟我一起去改变世界？"

2. 在招聘之前要公布"哥伦布计划"

从某种程度上说，大规模的校园招聘是为了淘汰那些薪酬高、贡献少、资质平庸的员工。因此，字节跳动在每次招聘之前都会做一次大范围的人才盘点，列出需要替换的员工、急需招募和储备的人才特征。

所以，最近字节跳动的人力资源部推出了"HR 哥伦布计划"。

HR 哥伦布计划，英文为 HR Columbus Program，其含义是召集一群有想法、有能力的新生代 HR 从业者。这些新生代 HR 从业者要有和哥伦布一样的不屈不挠的探险精神，致力于发掘人力资源领域的"新大陆"。

和华为的"战略预备队"相似，HR 哥伦布计划就是选出最精锐的 HR 从业者并把他们派往世界各地，把他们培养成为优秀的 HRBP（人力资源业务合作伙伴）。

3. 好的中台是校园招聘最重要的前提条件

公司持续招聘新员工和一次性招足 12 000 人的概念是不一样的。

字节跳动依靠多年来投入大量资源做的大中台，做好了培养、使用大量人才的准备。这样一来，当好创意诞生的时候，公司强大的中台就能迅速赋能。所以，这些年字节跳动做出了非常多的爆款产品。

4. 在招聘之前，让每个人都成为面试专家

首先，招聘专员要能就该职位提炼出三组不同的卖点，每个卖点要控制在 4 个字之内。

其次，让人力资源部负责人为所有面试官培训，主题只有一个，那就是强化和提升招聘面试官选人的效率。

最后，让公司的总经理和副总经理亲自面试本届候选人中的一部分，让他们保持一线手感，同时发现招聘工作的难点。

第二节　人才即优势

有人说军队是特殊的组织，与其他经营性社会组织不同，但所有组织培养人才的目的是相同的。军队没有优秀的战士，就打不了胜仗。企业往往因为缺乏得力干将，员工素质有待提升而陷入举步维艰的困境。

企业拥有的客户数量固然重要，但拥有多少"得力干将"其实更为重要。

所以，人才是困扰企业发展的核心问题。华为人才管理的核心观点是选对人才，分好钱财，摆正队形，打造一支优秀的奇兵。

2018年，任正非不惜付出10亿元的代价，一口气辞掉了7 000多名业务骨干，这其中有些人已经在华为公司工作了几十年。

对此，任正非强调：企业要想实现持续发展，员工就不能过得太安逸，否则企业的氛围会越发懒散，员工会逐渐失去危机意识。当今时代，社会高速发展，如果员工没有竞争意识，就很容易被社会和行业淘汰。

2006年，华为公司前董事长孙亚芳提出了选拔领军人才的五个标准。

1. 积极主动

所谓积极主动，是指员工愿意在工作中投入很多的精力，善于发现并创造机会，积极寻求高效的工作机制，并采取行动。

我们常说领导和员工的最大区别在于，领导能够在面对各种问题时，追根溯源，制定预防、解决机制，杜绝此类问题再次出现；员工却很少能主动思考问题为何会出现，以及如何让它不再出现，大多数时候员工只是被动地解决一个又一个的具体问题。

2. 概念思维

评判一个人的能力高下，不要看其已经做过的事，而要看其如何处理没有做过的事。面对层出不穷的新问题，员工只有高屋建瓴、有条不紊、对症下药地解决它，才能体现自身的实力，这便是概念思维的核心。

阿里巴巴新掌门人张勇并不是阿里"十八罗汉"之一，为什么他能接替马云管理阿里巴巴公司呢？

因为他能够在没有经验的情况下，深入浅出地发现市场发展的趋势和本质。他不仅成功地剥离了阿里巴巴与支付宝的业务，而且创立了天猫商城，并打造了爆款"双十一"购物节……这些都是概念思维的体现。

3. 影响力

所谓影响力，就是你在与人沟通时，能将自己的观点清晰地表达出来，做到有理有据、不卑不亢，最大程度地展现自己的观点，并将自己的观点传递给每个人。

影响力既是一个人的气场，也是综合能力的体现，更是一种强大的魅力。你需要不断地积累和锻炼，强化在沟通技巧、情绪把控、逻辑思维等方面的训练。

4. 自驱力

自驱力超强的人每天都会反省自己，并时刻警醒自己不断地学习、进步。他们知道，安于现状或不思进取是无法取得成功的。

要想有所作为，必须先学会如何驱动自己，不断突破现状，寻求新的发展和进步。

5. 坚韧力

坚韧力是指不折不挠、不畏挫折的毅力。人的发展之路不可能是一帆风顺的，要想有所作为，就必须用强大的韧劲克服困难。

我们常说："成功的路上并不拥挤。"成功的人未必是极为聪慧的，但一定是极具坚韧力的。许多人即便拥有超高智商或很好的起点，但如果缺乏坚韧力，在经历几次失败之后，很可能就会放弃了。

我们常说，人生能有多大成就，不是看你现在处于什么高度，而是看你跌入谷底之后反弹的高度，这正是坚韧力的体现。

第三节　OD 视角下的人才培养

人才短缺不只是大企业的"通病"，如今已逐渐成为中小企业的"通病"。因此，培养人才成了摆在所有企业管理者面前的重要任务。虽然很多企业制订了一些看似宏伟的"人才战略"计划，但是人才培养效果甚微。造成这种状况的原因有两个：一个是优秀人才培养不到位，以及外部人才引进成本高、难度大；另一个是企业对优秀人才的管理不到位，导致企业人才不断流失。

如今，人才培养工作已经从最早的 LD（Learning Development，学习与发展）、TD（Talent Development，人才发展），发展到了 OD（Organization Development，组织发展）。

这三者有什么区别呢？

LD：这一阶段企业关注员工的学习与发展，注重提升员工的知识水平、设计和开发培训课程，以及培训后的行为转化、绩效提升。

TD：此阶段企业更加关注人才数量和质量上的提升，因为人才的发展能够帮助企业长期发挥优势。

OD：该阶段企业主要侧重于帮助管理层整合组织内部的资源，从而为未来实现企业的远大目标提供充足的保障。

由此可见，人才培养工作已不再是单纯地围绕人才来进行，而是以组织为核心展开的。在能力打造方面也更强调组织能力的提升，而不像以前完全依赖个体能力发展的情况。

华为公司是怎样培养人才的呢？任正非指出："我们正面临历史赋予的巨大使命，但是我们缺乏大量经过正规训练、经过考验的干部。华为现在的塔山计划就是培养后备干部。""公司在发展过程中到处都缺干部，如果干部培养不起来，我们就可能守不住阵地，可能要败退。"

士兵、英雄、班长、将军，这是华为管理者的职业发展路径，也就是从基层员工、骨干员工、基层管理者发展到中高层管理者。这个职业发展路径可以划分为以下两个阶段。

1. 基层历练阶段："将军是打出来的"

任正非曾对华为公司的基层员工强调："要在自己的专业范围内，干一行、爱一行、专一行。"公司不再鼓励基层员工从这个岗位跳到另一个岗位。

基层员工被允许在小范围内进行弹性流动或晋升，以便他们在本职岗位上能够不断提高自身的业务水平和绩效水平。

不同于其他企业，华为认为优秀的干部不是培养出来的，而是选拔出来的。因此，华为不主张培养和任命干部，只强调选拔。干部需要通过成绩来证明自己的能力。

任正非认为，"每个人都应该从最基层的岗位做起，这样他们才会长大，如果直接成为高层领导，那么他最大的缺点就是不知道如何进行基础操作，很容易脱离实际"。

因此，"将军"不仅要从实践中产生，而且要从成功的实践中产生。

2. 训战结合阶段：干部的"之"字形成长

"判断一个'士兵'是不是好'种子'，要看实践，实践好了再给他机会，循环做大项目，将来承担更大的重任，这样锻炼十年下来他就是'将军'了。人力资源部要加强对'种子'的管理，安排'种子'到各地干几年以后，不要把他忘记了，优秀'种子'回炉以后，可以往'上校''上将'方向走。"任正非如是说。

通过基层实践之后，具备管理潜力的人才将进入培训与实战相结合的阶段，公司会提供跨区域、跨部门的岗位轮换和与之相对应的赋能培训。

任正非说："自古以来，英雄都是班长以下的战士。那么英雄将来的出路是什么呢？要善于学习，扩大视野，提升自己的能力。"

为此，华为研究和学习了美国航空母舰舰长的培养机制。华为人力资源部注重选拔出优秀的管理型人才，并关注其"之"字形成长，从而形成了干部的岗位循环与轮换的做法。

"华为基本法"规定："没有周边工作经验的人，不能担任部门主管。没有基层工作经验的人，不能担任科级以上干部。"任正非也强调，干部的循环流动绝对不能只是为了流动而流动，一定要基于业务的需要。

那么，阿里巴巴公司是怎么培养人才的呢？

阿里巴巴管理层一致认为，判断企业的组织能力是否有效，要依据企业能否以更低的成本、更快的速度、更高的质量支撑战略的达成。所以，企业搭建人才培养体系、打造组织能力，要结合企业战略与关键业务进行。

1. 强化"从未来看现在"的能力

业务人员为了达成业务目标，往往会沉浸在每日的运营细节中而不能自拔。但是，很多业务工作具有开拓性质，如果业务人员只沉浸在运营的细节中，就很容易限制自己的思路。

因此，阿里巴巴团队会定期组织活动，让员工回顾工作的初心和愿景，脚踏实地地创造未来。这是 OD 中非常关键和重要的工作。

2. 切换到"从客户看大家"的视角

阿里巴巴谈战略时有三个经典问题：你的客户是谁？谁是你的主要客户？谁不是你的客户？

因此，阿里巴巴 OD 团队会通过 OD 产品以及一些特定的流程、互动方式，让业务领导者能够走出惯性，"把脚真正穿到客户的鞋里"。

3. 面对理想与现实之间的差距，不断激发个体的创造性

许多管理者在工作中都有时而觉得清楚，时而找不到方向的体验，阿里巴巴 OD 团队的做法是在具体的业务探索中让团队产生"背靠背"的信任感，并让管理者打破内心的惯性。

4. 对员工进行分层培养

阿里巴巴公司的人才培养体系分为以下三种类型。

（1）新人培训

阿里巴巴注重对新员工的培训。培训讲师都是公司高管。销售团队的培训时间会长达一个月，其他辅助部门的培训时间则是一周。在培训期间，新员工不仅可以接触到企业文化，还会接触到价值观、业务知识等多个维度。

（2）专业技能培训

阿里巴巴通过线上、线下两种方式，对全体员工进行专业知识及职业技能的培训。阿里巴巴的学习平台可以满足员工的各种培训需求。如果部门有培训需求，则可以通过请内部或外部讲师的方式实现。

除此之外，比较常用的培训方式还有共创会、业务复盘会等。

（3）管理培训

作为管理者，既要做业务，又要管团队，还要对每个员工进行绩效考核和奖惩，虽然工作强度很大，但这样做能更好地解决实际问题。

在定制化的业务场景下，阿里巴巴的管理"三板斧"成为企业培养管理能力的重要工具，它通过切入真实的业务场景，能够提升管理者带团队、出结果的能力。

因为阿里巴巴内部层级不同，管理者所需的管理能力也不同。因此，"三板斧"不仅是阿里巴巴用于提升管理能力的实战化培训课程，也是一种训战结合的学习方法。阿里巴巴利用"三板斧"就能把过去半年或一年的绩效考核周期，压缩到三天三夜的培训实战里。

关于OD，这些企业家怎么说？

程维："在我看来，外部环境永远是有挑战性的，只有内部团队不断成长才是应对挑战的关键。例如，我们的团队扩张非常快，在新人遇到困难的时候能够有人开导他们，给他们一些帮助，我觉得这是滴滴成功的内因。"

王兴："在外界市场还有很大空间的前提下，培养与提升团队的能力肯定是最核心的事情。"

最近两年，企业高管对关于企业发展或转型时组织、文化、人才能否跟得上等问题的思考越来越多。在诸多高管访谈中，"组织"这一话题也成为重点讨论的热点。

第四节　企业如何留住人才

企业管理者只有让员工获得应有的经济回报、个人成长，才能提升员工对企业的忠诚度和认同感。

一、留人应树立新理念

（1）人力资本比财力资本更重要。随着知识经济时代的到来，人才已成为企业发展的最强驱动力，特别是中层管理者，他们是企业发展的中流砥柱。

（2）用好人比选好人更重要。许多企业管理者在发现人才不足的时候，只会采用空降的方式引进人才，既不注重发掘内部优秀人才，也不注重开发和调动企业员工的积极性、主动性。殊不知，这种做法不仅会严重挫伤员工的积极性，而且会损耗巨大的财力和时间。庸才就是放错位置的人才，管理者只有将有能力的人放在合适的位置上，给予其充足、广阔的发展空间，才能使其最大限度地发挥才能，避免优秀人才因为怀才不遇而流失。

（3）物质激励与精神激励同等重要。企业管理者在严格监督员工（特别是中层管理人员）工作的同时，还要合理运用物质激励等手段，强化员工的工作积极性和主动性。

二、留人应重视"四靠"

1. 靠事业留人

大多数人才都非常重视自己的成长和发展空间，所以企业管理者要想留住人才，并使其有用武之地，就要靠事业留人，让想干事的人有事干，能干事的人干成大事。因此，如何创造良好的工作环境是企业管理者首先应该思考的问题。

2. 靠企业文化留人

除了薪资福利等经济利益，有能力的员工更重视自我发展和完善，使自己得到提升的机会。因此，企业管理者不能一味地追求利润，而要重视员工的精神需求。

3. 靠职业生涯规划留人

企业要给有能力的员工提供培训和晋升的机会，以及贴心的关怀。职业的成就感可以激发人才的工作动力。所以，靠职业生涯规划留住人才，是最好的方法。

4. 靠优厚待遇留人

用优厚待遇留人的方式之一就是用股票运作留人。员工持股可解决资产占有与聘用关系的矛盾；经营持股可解决资产占有者与经营者的矛盾；

利用股票期权让经理人认股、加入股权计划，如同给管理者戴上了一只柔软的"金手链"，可以有效留住管理者。

在人才培养和激励方面，西贝是很有发言权的。

图 5-1 所示的招聘启示可能是最清晰的招聘启示之一了。

图 5-1　西贝的招聘启示

西贝的这则招聘启示，逻辑清晰、内容简洁。启示中仅靠"一份有未来的工作"这句话就抓住了人心，此外，有竞争力的薪酬、系统学习的机会也是备受关注的吸睛点。

负责西贝人才管理工作的小菜，介绍了西贝管理 2.5 万名员工的理念和方法，相信会对你有所帮助。

1. 西贝的基本情况

公司发展：30 年。

门店总数：350 家左右。

员工总数：接近 2.5 万人。

上市情况：未上市。

年销售额：超过 50 亿元。

公司总经理：贾国龙。

人力资源部负责人：贾方俊。

30 年间，西贝将一家小吃店发展成为现在的"餐饮帝国"，通过对人才的启用和激励一步步做大做强。

在西贝，从传菜员、服务员到餐厅经理，从小学徒到分部的凉菜厨师，再到店长，在西贝工作十年以上的员工比比皆是。

2. 西贝十分看重"在错误中学习"

一位年轻的店长正在筹建一家新店，当时营业执照还没有正式发下来。这位店长开店心切，就提前开业了。没过多久，这家店被执法部门罚款 100 万元！所有人都觉得这位店长肯定要被罚款了，甚至可能被开除。

没想到，西贝既没有开除这名店长，也没有惩罚她，而是继续培养她。

如今经过几年的磨练，这位店长已经成了西贝员工中的标杆，并且开了 4 家新的门店。

西贝的观点是人往往会从错误中学到更多的东西，这位店长已经认识到自己的问题所在，刚刚成长起来就把她开除了，这 100 万元的罚款岂不是白缴了？如果换个新人，还要从头教起。

给员工改错的机会，并用企业的力量为员工兜底，替其买单、交学费，这也是一种赋能。

3. 属于西贝的人才生态系统

贾国龙认为，每个员工都是一朵花，他们的花期不同，但最终都会绽放。西贝拥有自己的人才生态系统，如图5-2所示。

在西贝内部，最光荣的事情是新人与公司共同成长，是一个店长可以带出多少位好徒弟，而不是一味追求业务上的高利润，这是西贝始终强调的企业文化。

图5-2　西贝的人才生态系统

贾国龙非常欣赏华为的人才激励和管理方式，常要求公司管理层向华为学习。他真心把员工当作核心资产来培养，并倡导奋斗者的精神。

例如，西贝的员工手册里有这样一句话：业绩＝能力 × 意愿，能力是解决会做的问题，而意愿解决的是想做的问题。

4. 西贝活学活用任正非关于人才激励的观点

"钱给多了，不是人才也变成了人才""人才不是华为的核心竞争力，对人才的管理能力才是"。

贾国龙曾说过很多次："西贝就是要学华为，就是要学任正非，但如果不能把利润分出去，学华为也是白学。"

关于团队激励，西贝是按照下面的原则操作的。

（1）总体原则：要想好，大让小。

（2）利益倾斜：向一线员工倾斜。

（3）责任要求：级别高的人要多承担责任。

（4）薪资水平：永远向市场 75 分位以上看齐。

（5）利润分享：分店可以拿走 40% 的利润。

（6）年底奖金：将 50% 的利润作为分红奖金。

（7）高管要求：年收入超过 1 000 万元的高层管理者，将超额部分的 50% 分给下属。

在西贝，HRD 会和各地人力资源部强调：在设计薪酬、福利、激励政策时，不要把心思都用在计算上，因为即便 HR 团队的人数再多，也算不过两万多名员工。

5. 西贝奉行的人才培养原则——人才不是招来的，而是培养出来的

只有厘清公司使命与员工价值观的关系，画好个人价值观和公司价值观的同心圆，员工才会发自内心地认同公司。而这正是西贝的人才培养策略。

在业务培训方面，西贝有着非常清晰的"到点成才"机制。

（1）**西贝铁军沙漠基地**：一座训练中高层管理者心智及意志力的基地。

（2）**校企合作基地**：一座产教结合的基地。当学生入校时，他就已经加入企业了。

（3）**在岗学习机制**：安排青年厨师到世界各地学习、实践，西贝全额发放工资。

（4）**各类型的员工奖项**：设立明星员工奖、忠诚员工奖、功勋员工奖，以及进行"工匠精神"的表彰，让所有连接企业蓝图、践行企业价值观的伙伴都能得到认可。

图 5-3 就是西贝人才管理地图。

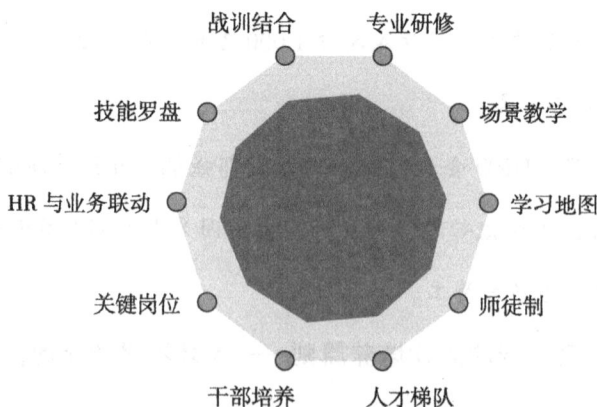

图 5-3　西贝人才管理地图

第五节　有了人才密度，方可不拘一格

网飞创始人和CEO曾提出一个概念，叫作"人才密度"。人才密度对促进组织发展壮大的作用非常明显。

什么是人才密度？人才密度就是"优秀人才"和"可能成为优秀人才的员工"之比。根据人才分布的特点，这个比值最低是0，最高是1。当组织出现没有人才可用的现象时，说明人才密度已经接近0，这会导致组织内部死气沉沉，人才无法流动；当人才密度越接近1时，组织的人才就越充盈，内部人才之间的轮岗或交流也会越频繁，组织内部有效信息的流失率就会大幅降低。

提升人才密度对企业有哪些好处呢？从人类的演进角度来看，原本人类是分散居住的，随着劳动工具的出现，人类开始聚集定居，一个个小村落逐渐形成。在这之后，小村落里的几户人家逐渐开始有了连接。连接又带来了交易的可能性，分工和协作也随之出现。每个人做自己擅长的事情，然后用生产的产品进行交易。

由此可见，随着人才密度的逐渐提高，分工和协作也会逐步出现，人类社会的演进逻辑放在组织中也依然成立。人才密度越大，组织效率就会越高。此时，往往会出现一个小漏洞。一家企业的人才密度提高后，企业内部就有可能出现"超级人才"，他在组织中会充当"意见领袖"的角色。随着"意见领袖"的出现，组织内部制度与规范的平衡就可能会被打破。不过当人才密度进一步提高时，"意见领袖"又会消失。因为组织要想健康发展就必须消灭这个群体，也就是"组织去中心化"，这是组织发展的特点之一。

例如，某公司的一位员工十分精通 Excel 软件操作，公司所有高难度的 Excel 表都由他来做，这个人就是该公司的"Excel 超级人才"，后来组织引进了更多的人才，也拥有了属于自己的自动化数据调用与分析系统，那么这个"Excel 超级人才"就会消失。

看到这里，你就会发现，组织发展一直在朝"去中心化"的方向演进。那么，人才密度在企业文化中的作用又有哪些呢？以网飞公司为例，他们的文化核心是"人才重于流程，创新高于效率，自由多于管控"。这 18 个字的含义是创造力需要自由，但自由不能被滥用。所以网飞强调只招"成年人"，因为网飞要求所有员工都要对自己的行为负责。此外，网飞公司的文化落地有三个"抓手"，即提高人才密度、引入坦诚文化、取消各种管控。在企业文化层面，一旦管理者提高了人才密度，就可以逐步取消管控员工的种种规则。所以，从某种程度上说，较高的人才密度是网飞的企业文化能落地的重要前提条件。

但是，在重视人才密度的同时，管理者也不能过多地关注它。因为，有旁观者在时，人们更警觉、更惧怕他人评价，同时也会更兴奋、具备更高的唤醒水平，这就是旁观者效应。所以，当组织有了一定的人才密度时，如果管理者想在组织中为人才贴标签，以此让团队成员更快融合，就要慎重行事。因为人才在没有标签的时候，的确可能会出现与现有群体缺乏认可的现象；而一旦有了标签之后，就会更难获得新的群体的接纳和认同。所以管理者不应对人才密度投入太多的关注，而应该让组织内部的人才自然连接与互动。

人才密度决定着组织弹性。不得不说，只有大城市，尤其是北上广深这种一线城市，才具有更多不同类型的职业与人才。相比小城市，大城市的人才密度会更高，大量人才聚集会产生非常惊人的能量。大量能量产生后一定会出现足够多的冗余能量，用于满足不同人才的不同追求。很多年轻人离开老家到大城市打拼的根本原因也就在于此。城市如此，企业亦是如此。

较高的人才密度还能提高招聘的成功率。因为，在这些人才的背后会涌现出各种因共同兴趣和价值观聚集在一起的小型社群，使有用的信息经过过滤后，能更高效、精准地传播到目标对象甚至是一些组织外部的优秀人才那里。阿里巴巴、字节跳动、腾讯等企业在招聘技术研发人员时，通常会借助内部技术研发沙龙等平台或渠道，邀请外部人才前来旁听，互相切磋技术，最终外部人才很可能会因为这家企业的高人才密度而入职。

再如2020年火爆的贝壳找房（以下简称贝壳）。它在2020年8月上市，市值超过700亿美元。自从贝壳上市之后，很多创业者都说，自己要做某某行业的贝壳。

那么，像贝壳这样的企业究竟需要什么样的人才呢？

1. 自以为弱

贝壳的用人哲学是不要"能干"的经纪人。因为，凡是"能干"的经纪人都自认为"能干"，而自认为"能干"的人往往都是比较自私的、不太与人合作的经纪人。相反，只有自认为比较弱、需要别人来帮助的人，才会懂得帮助别人。

2. 自立、感恩

经纪人首先要对自己负责。不要觉得别人帮你是应该的，别把自己当新人看。每个人都有自己的工作，帮你是额外的付出。只有知道这一点，你才会懂得感恩。只有你感恩了，那个人才能得到真正的激励。贝壳创始人左晖认为，解决尊重经纪人这一问题的办法就是给予尊严。

3. 做到再说

尽量说能做到或已经做到的事情，不要说想做的事情。否则组织就会产生一种错觉，认为你已经在做了。

4. 直言有讳

贝壳有一个叫作"直言有讳"的沟通原则。有时候，业务员之间的沟通很直接，在这种情况下，就要注意沟通中的忌讳。

5. 关注自身（而非竞争对手）

企业要想赢得市场，要么是让自己变强，要么是让对手变弱。很多企业更关注竞争对手，更容易采用让竞争对手变弱的办法，因为这样做比较容易。但这对企业来说是很不好的方式。

6. 承认先进

真正强大的团队往往能做到这三件事：承认先进、学习先进和赶超先进。如果一个团队永远说别人不行，这个团队也不可能行。

7. 管理"野心"

我觉得"有野心"或"想成功"没有错，但需要好好把控或管理这种状态。不能不在意别人的感受，不能那么自我。你需要先照顾到别人的感受，再实现个人抱负。

8. 坚韧扛事

商业竞争是非常残酷的，要想赢得市场，具有坚韧的特性很重要。判断一个人的韧性是否足够强或者他能否扛事，并不难。例如，一个人每天早上听见闹钟响铃之后马上起床，而另一个人还要再躺一会儿，那个马上起床的人会更坚韧一些。

9. 抽象能力

真正具备抽象能力的团队非常少，仅仅是形成抽象能力这一关，就会筛掉绝大多数人。因为自己做好一件事并不难，难的是把这件事情说清楚，并能高度抽象地提炼、总结出来。

10. 格局较大

如果一个人能超越或突破自己的位置来看问题，就说明这个人的格局比较大。例如，某家公司能站在行业的角度看问题；某个行业能站在国家的角度看问题；某个国家能站在全球的角度看问题。

第六节 为什么要进行人才盘点

公司员工众多，管理者怎样才能快速了解员工的情况，精准识别有潜力的人才呢？方法就是进行人才盘点。那么，人才盘点主要"盘点"哪些内容呢？归纳起来有以下四点。

1. 盘点组织的现状

（1）组织架构。

（2）岗位需求，即现在需要多少人，需要哪些岗位。

（3）人员编制。

（4）劳动生产力，即人均劳动产出。

（5）组织氛围，即员工满意度、敬业度等。

2. 盘点组织的业绩状况

（1）绝对业绩量。例如，销售经理一年完成多少业绩，这是一个绝对数。

（2）相对业绩状况。只有业绩量还不够，因为不同的地区业绩水平不同，所以除了看绝对业绩量之外，还要看相对业绩状况，如目标的完成率、和年初制订的计划相比完成了多少。

（3）业绩的增长率。有的公司，以及有的分公司、子公司，它原来的业绩基数比较差，衡量业绩增长率就可以看出它的业绩增长了多少。

（4）业绩排名。通过盘点组织的业绩状况，管理者可以了解不同的部门、不同的分公司和子公司、不同的地区整体业绩的情况。

在实际工作中，管理者不一定全部运用这几个指标，也可以从中选一两个或两三个指标，按照不同的权重进行计算，再综合每个地区的业绩完成情况，就可以了解其业绩状况到底处于什么水平。同时，管理者还可以和同行业的企业进行对标，如同行业企业的人均劳动产出是 150 万元，而某家企业只有 120 万元，这就说明两者之间存在差距，这家企业需要通过管理来弥补这个差距。

3. 盘点人才的能力水平

（1）人才的能力结构。

（2）人岗匹配度，即人才的能力与所在岗位的匹配度。

（3）人员的成长性，即他们的能力提升速度怎样。

（4）人员的稳定性，如哪些人是比较忠诚的，哪些人是马上要离职的，等等。

4. 盘点未来的发展方向

发展方向包括个人、团队和组织的发展方向。重点在于以下三个方面：

（1）关键岗位的继任计划，即管理者要为中高层管理人员包括专业技术岗位核心人才建立继任计划；

（2）高潜人才的培养计划，即管理者要怎样培养高潜人才，怎么安排培训，怎么安排轮岗；

（3）人员的调整计划，即哪些人是要调换岗位的，哪些人是要晋升的，哪些人是要淘汰的，还需要引进哪些人，等等。

许多人力资源从业者以为"人才盘点"是人力资源部的业务之一。这是错误的观点。人才盘点往往是企业在面临重大决策时，对整体资源进行评估的重要一环，如企业面临扩厂、迁厂、投入新产品、退出市场、裁员等。当然，也有企业将人才盘点与人才规划当作持续性工作，随时配合企业经营目标的建立及修改，每年或每季度编制一次人才规划报告。

第七节　阿里巴巴公司人才盘点的核心秘诀

阿里巴巴公司有以下独特的"人才盘点规划"。

1. 人才盘点培训

人力资源部在对参与人才盘点工作的群体进行培训时，会结合企业的背景、管理理念、管理方式、CEO 的期望等进行。人力资源部会将员工群体分为三类：HR 从业人员、基层员工、管理者。这三类员工对人才盘点的需求是完全不同的，所以人力资源部在制作课件和培训方面也会有所区分。

在人才盘点过程中，需要评价员工的业绩表现、能力素质和发展潜能。其中，业绩是指过去一年的绩效表现；能力是指过去一年的行为（如专业知识、管理能力等）表现；潜能则是指"冰山"下的自我意识、个性和动机状况，主要用于预测员工的未来表现。

2. 具体人员分工

CEO——监督者。

事业部负责人——人才盘点工作的第一责任人。

总部人力资源从业者——制度解释者，人才盘点工作的支持者。

各事业部中层干部——积极配合者，人才盘点工作的最大受益人。

各事业部人力资源从业者——落实者，人才盘点工作的实施者。

3. 基础的人力资源信息整合

员工人力资源基础档案表的形式类似于简历（如表 5-1 所示），实际上内容更加聚焦，内容包括个人基本信息（如任职经历等）、员工能力情况（如工作经验等）、个人发展规划、评价（本人自评、上级或同事评价等），以及上一个阶段的业绩表现等。

4. 建立人才评价体系

企业一般会借助外部的测评报告等内容建立人才评价体系。

人才测评工作除了测评员工能力和潜力这两个方面，还要结合绩效进行全面分析。在开展人才测评工作之前，HR 从业人员需要准备有关人才标准的内容，主要包括设定模型、绩效指标等。阿里巴巴公司内部还会准备潜力模型，公司特别重视对员工潜力的评价结果。

如表 5-2 所示，阿里巴巴公司会用五个指标来衡量测评结果的维度。

5. 评价结果分析与分类

经过人才测评、绩效考核等一系列盘点工作之后，企业会得出一些主要的盘点数据。阿里巴巴公司会利用一些民主测评数据来辅助分析测评结果，如员工满意度调查。

表 5-1 员工人力资源基础档案表

	姓名	职位	部门	公司	工作所在地	任现职开始时间	年 月				
基本信息	插入照片	工号		国籍 A							
		职级		出生日期							
		入职时间		婚否 A							
		直接上级姓名		政治面貌 A							
		直接上级职务		家庭所在地 A							
		国家职业资格 A		掌握何种外语							
		专业技术资格／职称 A		外语运用程度							
教育背景（最近 2 个）	起止时间 A	学校 A		学历 A	专业 A						
绩效评价					2014 年绩效结果（如未要求填写）						
					2015 年绩效结果（如未要求填写）						
					2016 年绩效结果（如未要求填写）						
能量评价					能力素质项	直接上级评估	平级 1 评估	平级 2 评估	下属 1 评估	下属 2 评估	
					结果导向与高效执行	5	4	3	4	5	
					持续学习与精于专业						
					有效激励与发展下属						

表 5-2　阿里巴巴公司的人才测评维度

	维度	维度描述
动机能量	成功愿望	根据高标准，设置具有挑战性的工作目标，希望获得优秀成绩的愿望
	权力动机	寻求领导、管理和激励他人的机会或权力
	亲和动机	渴望与他人建立友好亲密的人际关系，获得社会归属感的动机
	活力	精力充沛，喜欢参与很多事情，并保持忙碌
思维决策	创新意识	喜欢从新的角度去认识事物和信息，形成新的观点和方法
	决断力	迅速分析情况，快速做出决定
	洞察力	习惯透过现象分析事物的本质
	理性度	基于对客观事实的分析、思考做出理性判断，重视逻辑、公正、公平
情感成熟度	乐观性	认为事情会转好，对事物发展持积极、正向的态度
	抗压性	个体对压力的忍耐度
	情绪稳定性	情绪波动、起伏较小，能够控制自己的情绪，很少公开表达情绪
	适应性	愿意改变行为去适应各种情境，对不同的人采取不同的方式
人际互动	社交自信	人际交往时感到轻松、自在，能轻松应对正式社交场合
	影响力	喜欢推销自己的观点，愿意对他人施加影响，用令人信服的观点说服他人
	同理心	理解他人的情绪和感受，习惯站在对方的立场思考和处理问题
	支持性	倾向于合作，愿意主动帮助他人解决困难
任务执行	责任感	严格遵守规则，按规矩办事，可靠性强，能够一丝不苟地完成工作任务
	审慎性	行动前深思熟虑，考虑周全，三思而后行
	条理性	希望按程序或规则工作，喜欢整齐、有条不紊
	意志力	克服困难持续工作，坚持不懈地实现既定目标

盘点结果通常划分为多个标准，如优、良、中、差或优秀、胜任、合格、待发展等，根据不同的特征，标准会有一些细微的差异。

阿里巴巴公司的人力资源部有一个重要的理念，即人才不是一个部门的人才，而是整个大区、整个公司层面的人才。**所以，人才盘点的后续应用才是最关键的。**

在阿里巴巴公司，人才盘点的后续工作就是要和职级体系挂钩。有了这套职级体系，阿里巴巴的人才盘点工作才能够有效运转起来。阿里巴巴公司的人才等级如表 5-3 所示。

表 5-3　阿里巴巴公司人才等级一览表

专业职级	专业头衔	管理职级	管理头衔	工作年限	薪酬方案
P4	专员			应届本科毕业生	
P5	高级专员			应届研究生	
P6	资深专员	M1	主管	工作 1~4 年	
P7	专家	M2	经理	工作 4~8 年	P7 开始有股票，100 万元
P8	高级专家	M3	资深经理	工作 6~12 年	150 万元
P9	资深专家	M4	总监	工作 9~15 年	300 万元
P10	研究员	M5	资深总监	综合因素	视情况而定
P11	高级研究员	M6	副总裁（VP）		
P12	资深研究员	M7	资深副总裁（Sr.VP）		
P13	科学家	M8	执行副总裁（EVP）		
P14	资深科学家	M9	副董事长		
		M10	董事长（马云、张勇）		

目前，阿里巴巴公司拥有 10 万余名员工，其中，M5（P10）及以上员工（目前人数超过 500 人）归组织管理部管理。

那么，从人才盘点结果中得出的职级体系，到底是怎么划分的呢？读者可以根据表 5-4 对号入座。

表 5-4　阿里巴巴公司职级要求一览表

P4	（1）有相关专业教育背景或从业经验 （2）在专业领域中，需要主管或高级别人员对负责的任务和完成的产出进行清晰的定义和沟通，并随时提供支持以达到要求；能配合完成复杂任务 （3）在专业领域，具有学习能力和潜能

（续表）

P5	（1）基本了解公司职位的标准要求、政策、流程等知识，很了解本岗位的任务和产出，能独立完成复杂任务，能够发现并解决问题 （2）在项目中可以作为独立的项目组成员 （3）能在跨部门协作中清楚表达自己的观点
P6	（1）在专业领域中，能深刻理解公司职位的标准要求、政策、流程等知识，能够和经理一起探讨本岗位的产出和任务，并对经理具有一定的影响力 （2）对复杂问题的解决有自己的见解，善于寻求资源解决问题；具备解决复杂问题的能力 （3）可独立领导跨部门的项目；在专业方面能够培训和指导新员工
P7	（1）在专业领域，对自己所从事的职业具备前瞻性的了解 （2）对问题的识别、优先级分配有影响力，具备解决问题的能力 （3）可独立领导跨部门的项目；能够培训和指导新员工 （4）是专业领域的资深人士 （5）行业或公司培养周期较长
P8	（1）在某一专业领域中，对公司内外及业界的相关资源比较了解 （2）开始参与制定部门相关策略；对部门管理层在某个领域的判断力产生影响 （3）对事物和复杂问题的分析更有影响力
P9	（1）是某一领域中的资深专家 （2）对某一专业领域的规划和未来走向产生影响 （3）对业务决策产生影响 （4）使命感驱动
P10	（1）在公司内部被认为是某一方面的专家或者在国内的业界范围具备知名度和影响力 （2）对公司某一方面的战略规划和未来走向产生影响 （3）对本领域的思想和研究在公司具有较大的影响力 （4）使命感驱动
P11	（1）业内知名，对国内／国际相关领域都较为了解 （2）对公司的发展做出重要贡献或业内有相当的成功记录 （3）所进行的研究或工作对公司有相当程度的影响 （4）使命感驱动；坚守信念 （5）成为公司使命感／价值观的守护者、布道者 （6）对组织和事业忠诚

（续表）

P12 及以上	（1）业内顶尖人才，对国际相关领域的思想 / 实践有独到的见解并颇受尊重，比较有名望
	（2）对公司的发展做出重要贡献或业内有成功记录
	（3）能领导公司相关方面的研究、开创业界的一些实践
	（4）倡导或开创一些做法对公司的未来有深远的影响
	（5）使命感驱动；坚守信念
	（6）成为公司使命感 / 价值观的守护者、布道者
	（7）对组织和事业忠诚

阿里巴巴公司的人才管理工作可以总结为以下几点：

（1）阿里巴巴公司需要聪明、乐观、抗压能力强、有强大自省能力的员工；

（2）阿里巴巴的人才盘点工作主要服务于战略，因此人才盘点工作必须和战略紧密结合，脱离企业战略谈人才盘点就是空谈；

（3）所有部门的中层管理者需要积极配合人才盘点工作，如果人力资源部"唱独角戏"就做不出什么成绩，必须拉其他部门一起"上船"；

（4）只要专业精神在，到哪都是实力派，要想做好人才盘点工作，HR管理者必须具备专业基础。

第六章

文化的生命力

如果把一个组织比作一棵大树，那么组织文化就是大树的根，也就是组织生命的源泉。判断一个组织是否具有竞争力的方法，不是评价它取得了多少成就，而是透过表象，洞悉它的组织文化。

第一节　企业文化的重要性

企业文化可以用来预测这个企业的固定资产在五年内将会发生什么样的变化。

——吉尔特·霍夫斯塔德

如果一家企业的员工数量破万人，就相当于管理者正在管理一个村庄；如果员工数量破十万人，就相当于管理者正在管理一座小镇。

管理者最重要的工作就是完成两件事：一个是制定战略，另一个是明确组织文化。大多数企业不能从"村庄"发展为"城镇"，最核心的原因就是村长不具备当镇长的能力，也就是没有打造出战略和文化，或者说没有做好战略和文化。

济南九阳电器有限公司董事长王旭宁认为不论企业规模大小，管理者都应重视企业文化建设这项工作。21世纪的竞争，既是科学技术的竞争，也是人才的竞争。那么，企业如何才能吸引并留住优秀的人才呢？物质方面的激励确实很重要，但钱不是万能的，根据马斯洛的需求理论，对已经实现生存和安全需求的人来说，物质激励已经远远不够，企业需要运用归属感和自我实现的需求来激励他们。因此，只有打造优良的企业文化，用文化激励员工，培养他们的归属感，才能进一步提高企业的凝聚力。

企业的文化包括顾客第一、信誉至上，或者金牌品质、精益求精等，企业只有找好定位，才能给消费者与社会留下独特而深刻的印象，才能在市场竞争中战无不胜。

海尔集团的成功正是源于它对品质孜孜不倦的追求。1985 年，海尔因制造失误生产出了一批质量不合格的产品。有人提出把冰箱送给老客户，时任厂长的张敏瑞坚决反对这个提议，他说："即使厂里资金短缺，也不能让质量不达标的产品出厂，因为它会把海尔的名声搞坏。"他拿起大锤，在全厂员工面前，把 76 台不合格冰箱全部销毁。这把大锤现在已经被中国国家博物馆收藏。

企业文化是企业增强核心竞争力、促进自身发展的关键性因素。在企业管理中，从明确企业精神到实现企业愿景，从制定发展战略到建立管理理念都紧紧依托于企业文化建设。良好的企业文化能够提高员工的工作热情，营造融洽的工作氛围，促进企业稳步发展。

企业的生命周期与生物体的生命周期一样，遗传因子在其中起着决定性作用。在企业的生命周期中，企业文化如同生物体的遗传因子一样，在环境、管理水平等其他因素保持不变的情况下，企业文化的好坏对企业生命的长短起着决定性作用。

二十世纪七八十年代，随着经济全球化对世界经济格局的改变，"企业文化"作为一个全新的管理学概念开始受到学者及企业管理者的重视，使企业管理的重心从相对单一的关注经营结果、追逐短期经济效益逐渐向企业的长远发展、社会影响力及对人的关注转移，世界各国企业都纷纷加快了打造企业文化的脚步。

企业文化是判断组织是否可以持久发展的试金石。

第二节　为什么企业文化建设那么难

企业文化是企业纵横商场的制胜法宝。但是，建设具有竞争力的企业文化并没有想象中的那么简单。

——马文·鲍尔

文化是人类智慧和创造力的体现，只有人类才能创造文化。人创造文化，也享受文化，同时会被文化影响，甚至受限于文化，最终要不断地改变甚至优化文化。

深入研究海尔集团后你就会发现，海尔成功的背后蕴含着物联网时代的三个背景因素，即全球经济一体化＋中国式方案＋物联网转型。结合张瑞敏先生推崇的"内圣外王"的哲学，海尔形成了如图6-1所示的构图。

在传统产业中，仅在2016年，海尔集团就取得了连续五年净利润复合增长38%和人均利润高出行业平均水平两倍的成绩。这些硕果让在艰难转型中苦苦挣扎的企业家们目瞪口呆。

管理者在听了张瑞敏的演讲后，除了震撼之外，仍不知如何借鉴。因为企业管理者多是从组织变革或商业模式方面分析海尔现象，其思考的维

外

物联网转型
产业集中度演化的智能经济

全球经济一体化
新兴经济体的宏观经济学

内 ——

外王
内圣

—— 外

人单合一
"以人为目的"的组织经济学

中国式方案
中国智能＋经济模式

内

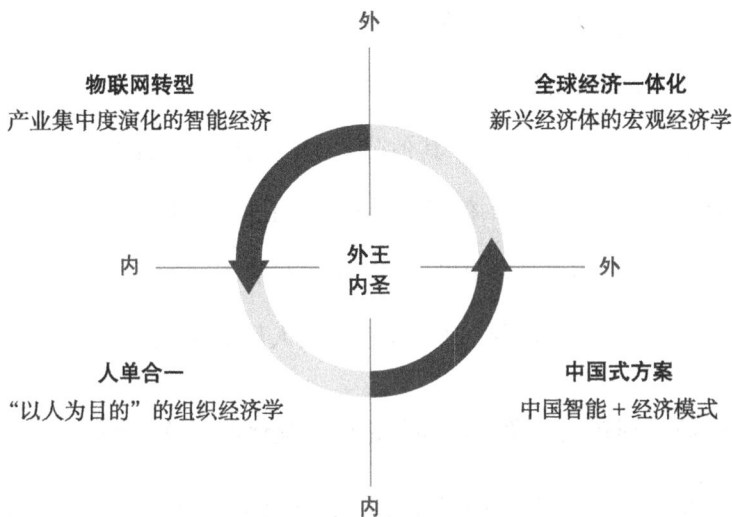

图6-1 海尔公司的"内圣外王"示意图

度与海尔"以人为目的"的维度有着本质上的不同。

海尔集团的企业文化核心有三个：是非观——以用户为是，以自己为非；发展观——创业精神和创新精神；利益观——人单合一实现双赢。

这构成了海尔集团可持续发展的内在基因。

1. 用户第一

那么，海尔集团是如何做到用户第一的呢？

第一，调整组织架构。

海尔集团巧妙地借力了互联网，快速应对市场变化和用户需求的变化，改变了原来以企业、权利为中心，逐级汇报的"正三角"组织架构。

事实证明，海尔集团在这方面做得非常成功。例如，有一次海尔自媒体团队看到有微博用户留言问有没有"冷宫"冰箱，自媒体团队快速反应，只用了一周的时间就将产品推向了市场。

第二，从工作细节做起。

以海尔的空调广告为例，其他公司的空调广告语都是描写产品成分、技术参数和一些专业术语，但海尔是这么写的：海尔好空气，一键开启智能生活！是不是从用户角度出发，一看便立见高下。

很多传统企业的管理者、工程师、营销人员很容易犯类似的错误。

2. 创业、创新的"两创精神"是海尔文化不变的基因

海尔人一直在贯彻"两创"精神，即创业精神和创新精神。海尔提倡"创客创业"精神，就是激发内部员工去做创客，在海尔这个平台上自主创业。具有创造力和活力的员工可以做更多有价值的事情。

3. 人单合一双赢的利益观是海尔永续经营的保障

所谓人单合一，简单地讲，人就是员工，单就是用户需求，企业则是平台，这个平台把员工和用户需求连接到一起。这个平台让员工直接面对用户，为用户提供服务，通过服务用户获得收益。这不仅是经营方式的改变，也是经营理念的改变，所以海尔集团在企业文化系统中加入了一条"利益观——人单合一"。

依靠"人单合一"模式，海尔集团从一家电子公司转变成为一个创业平台，员工在与客户深度合作的过程中不断发现创业机会。据了解，目前海尔创业平台已聚集了 2 400 多个创业项目、200 多个创业小微企业、3 800 多个节点小微企业和 122 万家微店，已经有 100 多个小微企业年营收过亿

元，为 190 多万人提供了工作机会。

那么，海尔集团创新文化的核心是什么呢？

1. 用户认可的创新

被誉为"创新理论"鼻祖的熊彼特曾经用"创新就是创造性地破坏"来阐释"创新"这一词汇。"海尔式创新"的精髓就是颠覆传统。海尔式创新的整个过程是对用户开放的，用户可以选择创意、技术和产品，用户不投赞成票的产品根本没有面市的机会，这也是海尔推出一个产品就引爆一个产品的原因。

2. 技术创新

海尔集团的技术创新分为三个层次，即引进、吸收消化、发展创新，通过总结实践经验与研究开发，海尔集团创造出了独具特色的技术。

3. 组织结构创新

海尔集团的组织结构创新经历了三个阶段：第一个阶段是直线职能式的组织结构，其适用于品牌战略时期；第二个阶段是矩阵式的组织结构，它适用于多元化战略时期；第三个阶段是市场管理式的组织结构，其适用于国际化战略时期。所谓市场管理式，就是把外部市场效益内部化，员工之间不只是同事和上下级关系，还是市场竞争关系。

第三节　什么是正确的企业文化

在日新月异的新时代，未来 10 年一成不变的企业文化对企业的经营管理将会产生更大的负面作用，这一点是可以预见的。

——詹姆斯·赫斯克特

企业文化没有正确与否。

"80 后""90 后"被认为是"自我意识觉醒"、具有"互联网思维"的一代人，与父辈相比，他们更加关注自己从事的职业，以及自己与就职企业之间的精神契合。也就是说，与互联网同时成长起来的一代，对自己与企业价值观、思维模式和行为模式的要求更多了。

基于此，企业要用更多的软性激励手段留住员工，以无形的感染力和渗透力推动企业形成强大的凝聚力。推特、谷歌、领英以及很多创业公司都非常重视研究"80 后""90 后"群体的思维模式，"以人为中心"构建"人性化"的文化体系，不看出勤率只看结果，给员工更多的自由时间和空间，真正吸引、留住知识型员工或高端人才。

　　企业文化没有好坏之分，只有适不适合的区别。企业文化的建设是无法复制的，同样的理论在别人身上能够获得成功，到你这里却不一定行得通。

第四节　为什么很多企业文化都在强调冲突

所谓文化冲突，是指不同形态的文化或文化要素相互对立、相互排斥，它既指跨国企业在他国经营时因与东道国的文化观念不同而产生的冲突，又包含企业内部员工观念上的冲突。

——彼得·圣吉

在组织生命体中，文化的冲突就像是一场疾病，它可以是一场感冒，虽然小感冒可以提升组织生命的免疫力，但是失控的冲突就像是瘟疫、癌症，会产生难以估量的后果。失控，会对组织产生不利的影响。冲突和失控都是企业文化的重要表现形式。

适当的冲突能够提升企业的竞争力，太和谐的工作环境并不能释放企业的活力，许多优秀的企业如微软、高盛和麦肯锡都是以极具压力的工作环境著称的。只要管理者把冲突限制在角色上，而不是个体上，对冲突进行流程化和可视化管理，就能让冲突成为企业的"养分"。如同疾病一样，如果人们坚持体检，及时发现疾病的苗头，或者监控好疾病的发展进程，就能很好地控制它。

那么，怎样做才能不让冲突失控呢？大卫·里德尔在《冲突管理》一书中写道："冲突有一个大体上可以预测的明确周期，其中包括冲突发生前期、冲突初期、冲突中期、冲突末期及冲突结束后期五个阶段。在冲突周期的每个阶段，均可运用多种冲突管理干预方法，把冲突管理纳入到团队项目和改革计划等工作过程中，有效防止功能失调型冲突升级。"

组织的基本单元是岗位，相较于团队内部，组织内部更容易发生冲突。虽然说团队沟通和组织沟通都有团结与冲突比例失调的问题，但是前者往往需要积极引入有利的冲突，而后者更需要积极消除不利的冲突。

对企业文化来说，冲突就是一个关键词。

华为公司非常强调或重视冲突的存在，特别是在开展组织发展工作的过程中，对冲突会有不一样的要求。华为公司员工经常会说："有什么事情，把话说开了就好了"。"把话说开"就是提倡冲突，即便同事之间有争吵，只要把问题讲出来了就有解决的可能性。

华为公司鼓励员工发现冲突、解决冲突。组织发展工作中最重要的四个字就是"**动态平衡**"。卓越的管理者能够把控组织的格局，妥善解决冲突。

第五节 企业文化这种软治理性价比最高

企业文化是企业在长期的发展过程中沉淀下来的，是企业彰显自身形象的有效载体。当今社会，企业在规范管理制度的同时，都在强调自身的文化建设。

——加里哈·默尔

小米公司的企业文化包括不赚快钱、立志做最好的产品、追求极致性价比。小米生态链上的多家公司都具有类似的气质，是一群有着小米基因的"小小米"。小米强调这些公司都是小米的兄弟公司，而不是子公司，他们抱团打仗、彼此信任、共创共赢。

再看这几年很活跃的字节跳动，在成立八周年之际，字节跳动更新了企业文化（其内部称为"字节范"），新增了"多元兼容"这一项内容，旨在打造多元化的全球团队。

"字节范"被认为是字节跳动员工的工作方式和行为共识，最早由字节跳动创始人兼CEO张一鸣在公司成立六周年的年会上提出，共包括五条内容，分别是追求极致、务实敢为、开放谦逊、坦诚清晰、始终创业。亚马逊、网飞、苹果等公司的成功管理经验都会被他们拿来借鉴，此外，管理大师的书籍对张一鸣的影响也很大。他从杰克·韦尔奇的《赢》中认识到"坦诚"在管理中的重要性。坦诚的好处是，可以让真实的信息流动起来。

2019 年 3 月，在字节跳动公司成立七周年的年会上，张一鸣透露，2012 年在创业起步的公寓里，字节跳动内部已经开始讨论全球化。字节跳动正式布局全球化始于 2015 年 8 月。数年间，字节跳动在海外陆续推出了多款有影响力的产品，包括 TikTok、Lark、Helo 等。2018 年，在与清华大学经管学院院长钱颖一对话时，张一鸣曾定下"小目标"，希望字节跳动在三年内实现全球化，即超过一半的用户来自海外。

根据知名移动应用数据分析公司 Sensor Tower 估算，截至 2019 年 12 月，TikTok 在 App Store 和 Google Play 上的累计下载量超过了 15 亿，已经连续两年位于全球热门移动应用（非游戏）全年下载量榜单前五名，是目前全球最受欢迎的应用之一。

公开资料显示，截至 2020 年，字节跳动旗下产品全球月活跃用户数超过 15 亿，业务覆盖 150 个国家和地区，在 40 多个国家和地区排在应用商店总榜前列。

第七章

机制的生命力

> 我认为，优秀的组织首先要制定良好的机制，这样才能提高工作的精准性和连贯性，节省大量的时间和金钱，提高业务的可拓展性，大大减少管理者的工作时间并提高其商业价值。虽然建立一个内部机制确实非常耗费时间和精力，但非常值得。
>
> ——杰克·韦尔奇

第一节　从腾讯的"赛马机制"说起

好机制需要具备两个基本条件：一是要有规范、稳定、配套的制度体系，二是要有推动制度体系正常运行的"动力源"。这个"动力源"指的是积极推动和监督制度运行的组织与个体。很多企业管理者都觉得人才不仅难找，而且难留、难养，究其原因，公司并不缺人才，而是缺少人才培训机制和模式。在中国的企业家中，精通机制之妙、擅用机制之魂的有三位"大家"，他们分别是任正非、柳传志和张瑞敏。

一直以来，任正非十分重视"战略决策"，并在华为内部设置了保障公司战略形成的机构。柳传志的那句经典名言"领导就是做好三件事：搭班子、定战略、带队伍"透露出了机制的精妙。张瑞敏的"赛马机制"也曾被腾讯公司运用到管理中。

在腾讯公司，"赛马机制"看起来像是游戏，实际上是腾讯公司重要的发展方式。"王者荣耀"就是通过这种方式创作出来的。

所谓"赛马机制"，就是不管是哪个项目，都不完全是顶层规划的结果，而是来自基层业务单元的独立创新。几个团队做出产品后，公司会把所有产品都放到线上，由员工选出最好的产品，腾讯公司管理层再分配资源进行推广。在这个过程中，不同的项目团队都得到了发展和壮大，当然这种机制也有副作用。例如，淘汰机制会让团队之间的竞争过于激烈，为了获得高额回报，员工和团队有可能会抄袭别人成熟的模式。

机制可以说是"活的游戏规则"。有些企业喜欢整理出厚厚的机制汇编，越是如此，执行效果就越差。机制是活的，是上下级之间、平级之间、员工之间的"游戏规则"。

机制具有如下特点。

1. 科学性

机制一般都会遵循企业文化，并力求符合企业的价值观。企业文化是全体员工共同认知和遵守的"纲领"，优秀的企业文化会成为机制的指导思想。

不论是大企业还是小公司，重大机制的制定和颁布通常是集体智慧的结晶，只有高层领导者、中层管理者与普通员工三方共同协商、共同讨论，都站在对方的角度考虑问题、集思广益，才能制定出科学合理、符合更多人利益的机制。

2. 普遍性

机制不是面向一类人或一部分人的，而是面向企业的所有人员，不仅普通员工要遵守，管理层更要严格遵守。好机制一定会做到无差别、无疏漏、不搞特殊化，如"多劳多得，少劳少得"，员工为了"多得"就必须"多劳"。

3. 系统性

机制是组织内部严密、有条理的系统，规章制度、规划措施等必须在企业的使命、愿景、目标、精神、文化的指导下得到规范化、标准化地呈现。系统性要求以系统整体目标的优化为准绳，协调系统中各分系统的相互关系，使系统完整、平衡，如薪资机制，既要有奖励制度，也要有惩罚制度。机制只有涉及惩罚措施，才更有威慑力，但惩罚不能只是扣奖金等物质惩罚，也可以是教育警告等。因此，系统应该避繁就简、清晰明确，切忌模棱两可、繁杂无序，更不可在机制里套机制，搞"独立王国"。

4. 长效性

机制不是一劳永逸、一成不变的，它必须随着时间、条件的变化而不断丰富、发展和完善。要想理解长效机制，必须先了解"长效"和"机制"两个关键词。

所谓长效，是指机制是为企业的长期发展提供指导与依据，企业依其机制运行发展，形成自己独特的发展之路。机制的长效性是建立在以人为本的基础上的。企业应根据市场变化、自身情况变化或突发状况进行灵活调整，并要做好变更机制的配套工作。

总之，无论规模大小，组织都应该建立良好、合理的管理制度，制定企业的方针和战略。只有在企业文化的影响下，团队才会团结一致、一丝不苟地执行管理制度。

第二节　企业机制的构成

机制主要包括决策机制、激励机制、发展机制和约束机制。

决策机制确保决策者从企业的长远利益出发做出决策；激励机制确保经营者、劳动者和投资者的目标与企业的长远目标保持一致；发展机制确保企业不断发展；约束机制确保管理者不会出现损害企业长远目标的短期行为。

1. 决策机制

经营的关键是决策。在当前这个充满不确定性的时代，决策失误已成为企业经营的最大风险，而且是致命的风险。研究表明，全世界每 1 000 家倒闭的大企业中，有 85% 是因为经营者决策不当造成的。

所谓决策，是指在多种可以实现组织目标的方案中进行分析和决断，主要包括战略与目标决策、产品与技术决策、成本与价格决策、生产方案决策、市场销售决策、财务与投融资决策、人事与人才决策，等等。

决策方式也是多种多样的，有些企业的决策机制是集中式，绝大多数事情由管理者决定；有些企业的决策机制是分布式，员工可以自己决定，而不向领导汇报。当然，绝大多数企业的决策机制是先分布后集中。例如，腾讯公司的决策机构是"总办会议"，这是腾讯最为核心的决策会议，马化腾要求所有与会者无论日常工作多么繁忙，都务必前来参加。参会人员是公司最核心的人员，即使现在腾讯公司的员工人数已超过 5 万人，"总办会议"的与会人数也只有 16 人。

"总办会议"中没有一个决策是靠表决做出来的，腾讯公司的决策机制就是：谁主管、谁做主、谁负责，即使是马化腾也没有一票否决权。

华为公司实行的是集体决策制。从 2004 年开始，在任正非的建议下，华为成立了 EMT，由任正非以及孙亚芳、费敏、洪天峰、徐直军、纪平、徐文伟、胡厚崑、郭平这"八大金刚"组成，实行集体领导、集体决策。2011 年后，华为开始实行轮值 CEO 制度，集团层面由 3 位轮值 CEO 各自主持工作半年，这实际上仍然是集体领导、集体决策。

2. 激励机制

激励是企业为实现经营目标采取的鼓励措施和手段。激励机制是企业激发、鼓励员工积极性和创造性的机制。

管理者在制定激励机制时需要深度了解人性，因为在某个信息不对称的场景下，每个人只知道自己的意图与情况，对别人的意图与情况则只能靠猜测。

企业管理者要想实现高效工作，解决信息的真实传递问题，就需要设计激励机制，发现相关人员的真实意图。激励机制在某种程度上就是让企业内部的所有人都能够传递真实的信息。

经济学家赫维茨有个著名的理论，那就是"有什么样的激励机制，就有什么样的组织行为。"反过来，为了得到想要的组织行为，企业可以设计特定的激励机制。

组织的激励主体有投资者、管理者和劳动者之分，在不同的场合和管理情境下，激励者也会成为激励对象。例如，在生产过程中，劳动者是管理者的激励对象。但在实现团队目标时，劳动者也有激励管理者的要求，从而转换成为激励者的角色。

激励方式主要有物质激励和精神激励两种。物质激励包括劳动收益、财产收益的激励（如工资、奖金、福利、股息等）；精神激励包括荣誉、地位、成就感、认同感等方面的激励。

3. 发展机制

发展机制是指企业对自身发展的要求，包括发展动力、发展目标、发展方式和发展手段，其动力来源于管理者对企业未来发展的考虑。发展与增长不同，它不仅要求有数量的扩张，而且要有质量的提高。企业要想发展，有外延式的扩大再生产和内涵式的扩大再生产两种方式。在现实的经济生活中，这两种方式往往会结合在一起。一般来说，企业在创业之初或进行生产结构和产品结构的重大调整时，通常采用外延式的扩大再生产，而当企业已经形成一定的规模时则主要以内涵式的扩大再生产为主。

4. 约束机制

约束机制可分为企业外部约束和企业内部约束两种。

企业外部约束主要是市场约束，可分为供给约束、需求约束和法律约束，其中最主要的是需求约束。

供给约束是指市场对企业投入的约束。为了保证生产的正常进行，企业必须要在市场上购买足够的生产资料，聘用具备各种专长的技术人员和管理人员等。这些生产要素中任何一种出现短缺或垄断，都会影响企业的经营决策，约束企业的行为。

需求约束是指企业生产出来的产品能不能卖出去，这关系到企业的生死存亡。

法律约束是指为了保证正常的市场经济秩序，通过各种经济法规对企业的经营行为进行约束。

企业内部约束主要是预算约束，基本要求是企业必须能用收入补偿支出，也就是实现自负盈亏。完善的机制系统将为企业和员工的发展提供坚实的保障。

企业管理者应充分提高机制系统的科学性与合理性，为员工创建一个良好的工作环境和工作氛围。

第三节　什么是好机制

第二次世界大战期间，美国空军降落伞的合格率为 99.9%，这就意味着从概率上说，每一千个跳伞的士兵中会有一个人因为降落伞质量不合格而丧命。军方要求厂家必须让合格率达到 100%。厂家负责人说他们已经竭尽全力了，99.9% 已是极限。于是，巴顿将军改变了检查机制，每次交货前让厂家负责人亲自跳伞检测。从此，降落伞的合格率达到了 100%。

同样的人，不同的机制，居然可以产生差距如此之大的结果。这就是机制的力量！

下面以星巴克的各项管理制度为例，来看看好的机制所产生的巨大作用。

1. 工资福利制度

星巴克的管理者很早就意识到了员工在品牌传播中不可取代的重要性。为此，星巴克将人力成本主要用于员工的福利和培训，就连临时工也享受到了完善的医疗保健福利。星巴克的医疗保健政策规定所有每周工作 20 个小时以上的兼职员工都可享有和全职员工一样的商业保险，与此同时，每位员工可获得由星巴克提供的 75% 的医疗费用。随着该项福利的实施，公司提供的医疗费用范畴也在不断扩大，覆盖了预防性医疗、健康咨询、牙齿保健、眼睛保健、精神治疗等各个医疗保健领域。

其实，星巴克的员工大多数是年轻人，身体都非常健康，公司在这项医疗保险上的支出并不多，但这份投资的回报是巨大的。星巴克的这个好机制，吸引了全球大量优秀的年轻人加入，老员工们的工作也更加稳定。更重要的是，员工的精神面貌发生了很大变化，他们工作起来更加尽职尽责。

良好的工资福利制度极大地改变了员工的工作态度，为星巴克的发展奠定了坚实的基础。

2."合伙人"制度

在星巴克，员工被称作"合伙人"。这不是一种文字游戏，而是以实在、实惠又丰富多彩的股票期权计划作为支撑。在这种安排下，每个员工都有机会成为星巴克的"合伙人"，享受各种分红和股权激励。

星巴克的"合伙人"制度还包括股票投资计划、咖啡豆期权计划等。

星巴克为公司高管或公司想要留住的人才提供了股权和期权的奖励，使他们都能持股。这些员工有机会以 15% 的折扣购买公司的股票，这是一种非常实际的激励机制，能吸引人才留下来。

在股票期权计划的基础上，星巴克公司又推出了咖啡豆期权计划。该计划的实施办法是：工作满 500 个小时以上的员工可以购买期权或公司奖励期权，与星巴克一起发展。

星巴克通过主动与员工建立"利益共同体"的方式，使员工产生对公司的归属感、认同感，并进一步满足了员工自我实现的需要。

总之，管理机制对员工有多好，这家公司就能走多远！

好的机制具备以下几个特点：

（1）机制是企业管理的一部分，充分体现了管理人性化的特点，并且把严谨性与灵活性结合起来，为人才发展提供了良好的环境；

（2）具有完善的人才引进机制，切实保障高水平人才的待遇及发展空间，能够吸引并留住人才；

（3）管理者善于换位思考，能够充分保障人才的利益，及时落实考核机制与奖惩政策；

（4）机制针对所有人，管理者首先以身作则用机制管理企业，用自己的言行给员工树立良好的榜样。在管理者的示范下，优秀的人才就能信服并始终追随。

第四节　如何做好机制建设

在不确定性时代，企业管理者要在动态中保持平衡，而好的机制可以平衡管理难题，既能把很多人聚在一起，又能激发组织的活力。机制建设工作最重要的是构建起一套行之有效的管理体系。

传统的管理方式是，要想控制别人，就要给别人发布指令，然后等待结果。传统的管理半径是一个管理者只能管理六七个人，但是谷歌公司的管理者可以 1 个人管理 20 多个人，甚至 40 多个人。这就不是"管理"了，而是"赋能"，管理者更像是知识和资源等方面的支持者、服务者。谷歌公司的管理者把每一个成员都当作独立的个体，给他们足够的资源和支持，帮助他们解决问题。

在工业时代诞生的管理制度已经不适应移动互联网时代了。进入移动互联网时代后，管理领域最大的变化是人的驱动因素越来越强。也就是说，今天管理的核心是管理者能不能抓住人心。

我们再来看一个国内企业的案例。

美的公司有非常清晰的发展路径，转型升级的路线也非常清晰。这一切源于被称为"机制大师"的美的公司创始人何享健。他善于用机制管理企业，并且获得了成功。

何享健很早就敏锐地意识到上市是企业发展的好机会。这一是因为正处在高速发展之中的美的需要钱进行项目投资；二是上市后，美的可以抢占行业先机，并且在并购手段、国际合作等方面有更大的发展空间和操作余地；三是上市要求美的的治理结构更加规范，从而倒逼美的科学管理财务、生产、销售、管理等方面的工作。

1993年，美的成功上市。美的公司的销售额迅速攀升到家电行业前三名。美的以产品为中心，将公司业务部门分成了空调、风扇、厨具、电机、压缩机五个事业部，各事业部独立经营、独立核算，研发、生产、销售甚至人事权都由事业部负责。总部只保留财务、投资以及高层职业经理人的任免权。

怎样放权才不致于失控，打造出快速航行的家电业的"航母舰群"呢？美的编制的《分权手册》便是"护航神器"。这本手册理顺了公司各层级的关系，详细而清晰地描述了业务流程，也划分了权利和责任范围。

2001年，美的启动了MBO改制，公司管理层利用融资购买本公司的股份，这个举措更好地激发了内部人员的积极性。

可以说，股份制改革和上市使美的走上了良性发展的道路。在企业做大后，美的变革组织结构，实行事业部制，从单个核心变成多个核心，充分释放了企业的活力；把握时机将企业股权收归到管理层手中，及时解决了产权问题。

机制建设的关键在于企业始终坚持以人为本，全员参与，以实用为先，从解决实际问题出发，有计划地执行各项管理制度。

第五节 再好的机制也替代不了沟通

很多管理者喜欢通过机制管理员工，但是，即使再好的制度也不能代替沟通。好的团队沟通，可以让团队更有凝聚力和执行力。机制是管理的基础，沟通则是非常重要的管理手段。

杰克·韦尔奇曾说过"管理就是沟通、沟通、再沟通"。确定组织战略和目标，是经营团队通过沟通描绘共同愿景的活动；制订工作计划，是团队承接公司目标时给予领导层反馈的沟通活动，也是团队进行目标分解、内部分工与协作的沟通活动。

很多企业解决不了低效的问题，其主要原因就是机制设计阻碍了内部信息沟通，导致沟通成本极高。因此，管理者对沟通效率的思考要深入以下三个问题：

（1）组织价值的创造流程是什么？

（2）什么样的组织结构更利于沟通？

（3）如何设置组织的决策机制和权限才能保证沟通的效率？

保障机制良好运行的沟通主要包括以下三个层面。

一是结构思考力。所谓结构化思维，最常见的就是金字塔结构，最上面的一层是结论，第二层是原因，第三层是支撑结论的具体事例。

二是独立思考的能力。员工在向上沟通时要学会尊重与独立。这里所说的尊重，不是指员工要低声下气，而是要做到不卑不亢，保持自己的独立人格。王石曾说，之所以选择郁亮作为自己的接班人，正是因为郁亮不会随便附和自己，他身上有一种独立的人格特质。任何一位领导者都不希望下属只是他的复制品，而是希望下属能够超越自己。所以，员工在面对任何意见或想法时，都要时刻保持独立思考的能力。

三是积极主动。发现问题、解决问题时要积极主动，不要事不关己、高高挂起。无论是沟通还是做事，员工都要做到积极主动。有了这种意识，领导才会更加信任、重视你。

真正让好机制产生作用的是组织内部的有效沟通。

第八章

组织生命之案例篇

> 三流组织，共同规则；二流组织，共同利益；一流组织，共同信仰；顶级组织，至情至性。
>
> ——马云

谈到组织的时候，马云是这样说的：

三流组织，共同规则；

二流组织，共同利益；

一流组织，共同信仰；

顶级组织，至情至性。

这四个阶段就是组织发展从业人员要追求的四个不同的工作阶段。

面对日益复杂的世界，组织需要处理的信息量是巨大的，关系复杂、参数众多甚至相互矛盾。

为了避免盲人摸象，组织管理应遵循以下六大原则。

1. 整体性

系统的特性只有在宏观层面才会得到具体显现，而在微观层面，各要素的性质和行为都会影响到整体。就像细胞一样，你看一个细胞会觉得它很厉害，但是当你看到整个生命体的时候，你就会发现它仅仅是一个细胞。

2. 联系性

管理者要发现几件事之间的联系和规律，以相同的思路优化不同的执行方法。

3. 制约性

在从事组织发展工作的过程中，OD 相关人员需要了解时间和资源的稀缺性，因为对其中某一件事的过多投入会影响对其他事物的布局。

4. 有序性

管理组织时，必须体现行动优先级，需要分清什么时间、在什么环境下、和什么人一起做什么事。只有这样，组织才能变得更加高效。

5. 动态性

在组织中，管理者从不同的观察角度获取不同的信息。这提醒我们，计划和执行不应该太过机械。唯有切换视角，并根据需要重新分配资源，组织管理工作才能有效。

6. 最优化

在既定条件下，利用各种方法最大化实现组织目标，借鉴已有的方法分别进行优化。方法不会只有一种，找到核心的最优解即最高效的工作方法。

第一节　阿里巴巴公司的组织管理

如今，阿里巴巴公司已是一家"巨无霸"型企业。但在创业初期，它和所有的初创公司一样，只求能够活下去。

阿里巴巴的铁军们为开展业务跑遍了全国，向人们推荐公司的软件和服务，让他们积极拥抱互联网。那时的阿里巴巴就是一家销售驱动型企业。现在，它已成为一家以数据驱动为主，影响国内商业版图的大型企业。

一、主动求变，犯错就是攒经验

2010 年，阿里巴巴公司推出合伙人制，张勇以职业经理人的身份进入最高决策层。在此之前，他并非公司内部培养的合伙人，而是公司从外部引进的高级管理人才。

张勇面临着所有继任者都会遇到的难题：到底是求稳，还是求变。

张勇选择了求变。

最近几年，阿里巴巴公司已经不再强调业务，而是强调成为互联网行业的基础设施。在这样的大变局之下，创新与犯错、机遇与风险几乎同时而至。

所以，阿里巴巴公司将主动权交给了年轻人，并在创新的过程中允许他们犯错。张勇说："创新可能犯错，但年轻人的成长对未来更有价值。"这句话就像是给所有员工吃了一颗定心丸。

二、年轻的管理者不要仅仅为 KPI 而活

到 2020 年，阿里巴巴公司的员工数量已经接近 12 万人，也有了很多"90 后"，甚至"95 后"管理者。于是，阿里巴巴公司衍生出了以下几个现象：

（1）管理层正在逐渐年轻化；

（2）更年轻的成员开始慢慢加入员工队伍；

（3）管理团队受到了年轻管理者的影响。

于是，阿里巴巴公司出台了多种措施，旨在培养年轻管理者。例如，让年轻管理者不要仅仅为了 KPI 而活。这句话同样适用于所有从事人力资源管理和组织发展工作的人员，如果每个员工都是为了一个数字、一个绩效评语而工作，那么公司既走不远，也走不好。

在阿里巴巴公司看来，重视培养年轻管理人员，也就是重视公司的未来业务发展。公司的业务发展需要具备不同特质的团队、人员共同努力。

三、驱动别人最好的方式就是点燃自己

从创立时期的"十八罗汉"到如日中天的"中供铁军"，再到如今的

"湖畔合伙人",阿里巴巴公司都在坚持一个基本点,那就是团队的价值。

不过应该看到的是,在协同储备、超大蓄能的背后,是阿里巴巴团队里的每个人都在不断提高自己的能力,比拼业务发展速度,力争每个业务在行业内都处于领先水平。只有这样的团队才能承担更大的责任、接受更大的挑战。

四、阿里巴巴公司调整组织结构的三个目的

阿里巴巴公司在每年的"双十一"结束后,都会进行组织结构大调整,这已经成了一个"传统节目"。

阿里巴巴公司的组织结构调整一般有以下三个目的。

1. 权衡利益,调整内部矛盾

阿里巴巴旗下的产品特别多,因为彼此在业务线上存在重叠,淘宝和天猫也会争抢集团的内部资源。例如,在跨境电商领域的"淘宝全球购"和"天猫国际";在汽车领域的"淘宝汽车"和"天猫汽车"。在此情形下,公司进行协调与调整是十分必要的。

2. 净化循环,促使自我进化

阿里巴巴内部经常进行组织结构调整和人事变动,这些变动看似组织调整,实为"净化循环"。公司里的每个角色都需要自我进化,否则就会被淘汰。

3. 拥抱市场，为未来布局

阿里巴巴业绩高速增长的背后，有强大的系统作为支撑。组织结构的调整与其说是为了适应市场竞争，不如说是在布局未来。

五、阿里巴巴对组织发展人才的要求

1. 激活个体

这是一个个体逐渐觉醒的时代，员工与传统组织结构之间的矛盾日益凸显：员工希望接受更多兼具挑战性与个人成长性的任务，但组织仍然倾向于工作简化及专业化，这恰恰限制和阻碍了员工的成长。

此外，员工希望在公司里能够受到公平、平等的对待，倾向于选择相互影响的公司管理形态，但组织仍然是以阶级层次、地位差别为主要分级标准。

再有，员工更加关注个人的尊严、人际间的坦诚与温情，而组织强调的仍然是理性管理。

员工正在淡化竞争的力度，但管理者仍然以高度竞争的方法设计职位、制定薪酬制度等。

因此，OD 相关人员必须善于激活个体，让每个员工都能迸发出活力。

2. 协调职能

在组织发展阶段，企业需要充分考虑组织之间职能的交叉、配合与协调。在调整组织结构时，OD 相关人员要能够做到裁撤冗余、合并职能、精简架构等。

3. 自我推翻

组织结构需要不断适应互联网时代的快速变化。

互联网时代要求企业不断创新、迭代和突破，但传统的企业往往追求成本最低化、质量最优化。稳定的组织和固化的流程在如今这个时代已不再行得通，需要有动态的组织与之匹配。此外，OD 相关人员必须敢于推翻自我，打破原有的组织结构，以更适合的激励机制和创新的管理体系为目标，实现企业的自我变革。

第二节　小米公司的组织管理

小米公司只用 15 个人就管理了 20 000 人的绩效与产出。

对小米公司来说，2015 年是噩梦般的一年，因为小米过于依赖固定的消费群体和快速解决问题，却没有进行战略布局。

有一天，雷军到各部门串门时惊讶地发现，采购部、供应链部、生产部、销售部、人力资源部等部门各只有一台电脑，电脑里都是 Excel 表，这就是当时小米的流程管理。

从这一刻起，雷军就下定决心，一定要做好流程管理工作。

1. 在成为世界 500 强之前，先成为流程管理高手

在进入 2020 年《财富》中国和世界 500 强排名之前，小米公司有一段非常长的"阵痛期"。

比如在 2015 年之前，小米还非常缺乏供应链管理的常识，当时仅仅是一个零部件都要求有两个供应商，因为一旦一家供应商突然倒闭，小米的产品就只能停止或搁浅了。

后来，雷军发现华为手机的发布时间基本是固定的，甚至有时还会提

前发布。这是因为华为在管理上的核心竞争力之一就是它有一套完善的、强大的 IPD 系统（集成产品开发系统）作支撑，而小米当时连基本的管理流程都没有。

于是，雷军挥起了以下"三板斧"：

（1）让工程师加班加点地设计内部管理系统，特别是人力资源、财务、供应链的系统；

（2）在财务部之外增设两个部门——参谋部和组织部，让人才和组织的能力同时发挥作用；

（3）要求中高层管理者高度关注华为的管理系统。

从此之后，小米公司正式走上了一条系统化管理的道路。

2. 小米为了组织发展用心布局

几乎所有的世界 500 强公司都有复杂的业务和组织架构，例如，碧桂园曾重新任命 38 位高管，沃尔玛一次性裁掉 30 位高管，但小米公司的高管只有 15 位。

为什么小米要控制高管人数呢？这背后是公司高层管理者对组织发展工作的考虑。

（1）杜绝过度协作

这是组织发展中常见的概念。过度协作包括没有意义的会议和电子邮件，这都源于企业的复杂性和"为合作而合作"的文化。这些问题在很多大公司中都存在，却不容易被发现。

（2）摒弃稳定

提高组织战斗力的方法，就是让所有人都感受到压力，只有这样才能随时发现新趋势，抓住新机会。

3. 组建高管团队

这些年，雷军前前后后引进了近十位"行业大佬"。

雷军曾发微博表示："小米最近每个月都有高管加入，有人误以为小米有很多高管，但其实小米的高管，除了我这个创始人以外，仅有 15 位。"

当前小米的员工总数大约在 20 000 人左右，仅有 15 位高管，每个人需要管理的事情都非常多。与之相对应，小米进行了组织结构上的调整。小米放弃了创业之初超级扁平化的"CEO →部门负责人→员工"管理结构，设立了十级员工等级以及逐级汇报的关系。

4. 兵马未动，粮草先行

高效组织需要有系统作为保障。

小米公司总部附近有个小区，那些从小米创立之初就跟随雷军的员工，在公司成功上市后都在这个小区买了房子。

小米公司在员工激励方面从来不吝啬，因此虽然高管数量不多，却依然能够将超过 2 万人的团队管理好。

在被记者问及频繁外聘高管人员一事时，雷军曾表示：

第一，小米公司的高管是以内部提拔为主、外部空降为辅，内部提拔的比例超过 80%；

第二，未来 10 年，小米公司要以团队和人才为核心，放下已取得的成绩，重新创业。

换个角度看，充分激励也是一种提升"员工逃离成本"的方式，给予员工合理且有激励性的回报，员工的流失率就会大幅降低。

第三节 碧桂园集团的组织管理

碧桂园是一家以开发房地产为主，以开发机器人、现代农业、新零售、酒店、物业、教育等多个行业为辅的国际化、多元化综合型企业集团，2020年荣登《财富》世界500强排行榜第147位，位居全球房地产行业之首。

从2010年到2019年，碧桂园十年来的经营规模从329亿元快速增长到7715亿元，这种增长速度在房地产行业都属罕见。碧桂园实现持续高增长的背后主要有以下两个方面的原因。

一方面是碧桂园集团对市场的精准把握，另一方面是碧桂园集团明确业务战略，并吸引了一大批志同道合的优秀人才，凝聚成强大的组织成长力。

在VUCA时代，碧桂园的唯一不变之处就是永远在变化，灵活、富有弹性的组织能够释放内在动力，在市场中更具竞争力。

碧桂园借助组织裂变调和区域规模管理上的挑战，在行业增速放缓时提升管理效能，让区域管理变得更加扁平化、精细化。

早在2020年上半年，碧桂园集团就进行了一场内部组织变革，主要针对功能交叉的部门进行了整合。调整之后，集团在投策、财务、营销、成本、行政等重要业务板块上效率更高，流程更精简。例如，新成立的成本管理中心在调整之后，精简为成本管理部和工程招标管理部。除部门、板块合并之外，调整后的营销工作职能也迎来了重大变革。例如，区域按"工作集群＋敏捷分配"、项目按"工作总包＋多项目统筹"模式展开工作。

（一）区域："工作集群＋敏捷分配"模式

工作集群就是职能板块从各自的具体工作事项中，按照一定比例划分出可流动的工作并组成若干个工作集群。工作一般为临时性、阶段性或专题性等非连续性工作，且不固定在某个板块或员工身上；对保密性的要求不高，以快速响应为原则；由员工提出申请，部门再以竞争、轮值、指定等多种方式把员工分配到各工作集群开展各项工作。

敏捷分配则是指除工作集群之外的其他日常职能工作，由各板块的负责人负责。

（二）项目："工作总包＋多项目统筹"模式

销售中心不再根据策划、事务等区分工作边界，人力资源部不再以项目为单位区分工作边界，而是统一整合为"销售支持"和"人力资源"工作总包。

多项目统筹则是指销售支持板块采取多项目统筹的形式进行日常管理，由经理及以上的区域工作人员担任多项目统筹，并负责一定范围内所有销售中心销售支持板块工作的统筹和难点项目的销售支持。

碧桂园集团在组织结构调整后，实行了"关键岗位任用"制度。各区域职能板块负责人将通过岗位竞聘的方式产生，同时后台职能板块人员的相关薪酬激励方案和绩效管理办法将不再按专业板块进行区分，而是一律采用统一框架。

第九章

组织生命之未来篇

在我看来，如果说旧的组织建设是建立在控制之上的话，那么未来的全新组织形态必须添加自由的成分。

——杰克·韦尔奇

人类发展可分为四个重要阶段：原始文明阶段、农业文明阶段、工业文明阶段、信息文明阶段，当前人类发展已处于信息文明阶段。

工业文明又分为两个阶段：第一个阶段以蒸汽机的发明为代表，大规模使用机器突破了人类的体力限制，极大地提高了生产力；第二个阶段的特征是能源革命，标志是石油的发现、电力的发明和广泛应用，飞机、火车等极大地拓展了人类的活动空间。

信息文明也可称为工业文明3.0。电子计算机、互联网、区块链等新兴技术不断推出，人工智能不但可以帮助我们高效处理工作，甚至可以做到辅助人类思考。

万物互联，网络互助。世界上的每一个人都构成了网络中的节点，将世界上的数据联系在一起。管理者必须不断积累数据，只有掌握算法才能够把控未来组织的发展。

与生命进化类似，组织生命也从最初的手工业时代进化到了今天的数字化时代。未来，它将进化成何种模样，我们无法预测，只能拭目以待。

第一节　组织数字化、智能化是大势所趋

新冠肺炎疫情爆发后，各类数字化工具被用于解决疫情带来的难题。在战"疫"的过程中，社会各界依靠移动化的组织协同，有效提升了疫情防控能力。

疫情期间，数万家公共机构、百万级企业每天用钉钉进行数字化的疫情健康管理（健康打卡）。在社区防控中，小区居民可以与物业公司、街道办完成更多的信息传递，从而解决了小区巡检的人力不足问题。部分公共机构快速上线了各类疫情填报系统、物资管理系统等，并与组织协同工具连通（连接政府、企业、医疗机构、普通居民等），大大优化了信息沟通效率。钉钉基于千万组织的真实使用情况发布了《在家办公指南》，再现了各类企业真实使用的功能和场景，推出了包含员工健康上报、百人视频会议、在线课堂等在内的各项服务。

华为公司早在 2015 年的全球联接指数白皮书中就指出，"未来不再是我们在网上冲浪，而是网络在数字经济浪潮中推动着我们前进。"在数字化时代，大多数汽车都会有无人驾驶模式，运输即服务将成为新的服务模式，智慧城市的出现将会缓解交通拥堵现象。届时，城市生活会更加方便，商

业运行也将更加快捷。

　　随着 5G、大数据、工业互联网、云计算和人工智能等新一代信息技术与线下实体经济的深度融合，组织数字化已成为大势所趋，每家企业、每个行业都在向数字化转型。企业必须集合上下游算法算力，形成优势互补和生态合作。一个显著的重要变化是企业把为客户服务的全过程数字化，不仅自身拥抱云服务，而且拥抱基于数据带来的资源调度的优化和业务模式的创新。

　　海尔集团作为传统制造业转型的典型代表，在 30 多年的发展历程中先后经历了五个战略发展阶段。在最新网络化战略阶段，海尔集团全面开启了数字化转型，并从管理理念、薪酬模式、流程模式、运营模式、生产模式和营销模式等方面进行了颠覆和升级，超越了传统意义上的组织扁平化逻辑，真正把企业变成了一个创新创业的平台，让海尔的创客们在平台上自由发挥。

　　伴随着数字化的转型，各行各业都将有所受益。亿欧网发布的调查统计数据表明，零售行业人力资源数字化程度普遍偏高。例如，一些企业能够依靠数字化力量实现薪酬实时结算，在不增加企业成本的同时提升了员工体验，降低了员工流失率；零售业的主战场——实体店将会拥有一个 AI 机器人的导购员，AI 导购员通过扫描会员卡和扫描人脸后识别出顾客的购物习惯，在对比店铺的数据后能迅速说出顾客的需求信息，还可以进行对话，这样的导购正在逐步代替初级的导购员。

　　在汽车行业，二线汽车产业链企业的工作重点是人才激励与保留，尤其是新能源汽车有弯道超车的态势，人才在汽车行业的流动明显加快，与人才激励和保留相关的幸福企业建设是大势所趋。

根据世界卫生组织的预测，到2025年，65岁以上人口数量将占全球人口数量的约17%。人口结构老龄化将进一步加重医疗系统的负担。随着新技术的发展，如移动设备的普及、带宽增加、传感技术小型化，远程医疗技术将进一步成熟，能够提供更高效、成本更优化的医疗保健服务。

一个汽车铝合金压铸企业通过5G技术联网了2 000多台设备，生产效率提升了10%。

一个叉车企业全面应用工业软件实现了从订单到交付的全流程高效管控。

一个港口企业对"船、港、货"全要素进行数字化管理，实现了生产运营的一体化。

一个采矿企业全力打造矿山数字化，使下井采矿的人力成本在一年内就下降了1 000万元，成为智能采矿应用大潮中的"领头雁"。

类似数字化、智能化带来新变化的案例不胜枚举，各行各业数字化转型已经是大势所趋，如何高效转型、精准转型已成为众多运营者思考的问题。未来的组织将是一个有生命的智能协同体，通过不断地线上化、数字化和智能化，终有一天组织将不再依赖于一两个管理者，而是自发地完成进化。

钉钉的发展历程一直贯穿着一个主题——"定义未来组织"。眼下，从学校到医院，钉钉正在掀起一场组织升级革命，通过数字化和移动化办公手段提高了这些组织的协作能力与效率。比如在未来医院的构建中，钉钉能够帮助院方覆盖随访、排班、电子病历、院长日报等各种场景。

　　复星与钉钉的合作，不仅解决了近10万名员工的实时在线问题，而且完美地将管理文化有效贯彻到日常工作中，使复星的组织运作越来越高效。关于未来的组织形态，复星人也有着相同的愿景，即重新构建符合时代意义的组织形式和管理方式——打造"去中心化智慧生命体"。

　　未来的组织必须追求更有意义的价值创造、更有灵魂的生命存在和更可感知的成就，数字化、智能化将是组织生命系统的新形态。同时，组织也要学会借势。因为选择比努力更重要，只要方向对了，即便是进步速度慢一点也不要紧。

第二节　未来组织应对的挑战及变化

未来可能出现的组织形态有以下三种。

1. 迷你公司

整个组织由跨职能的自组织小组组成，每个小组像一个迷你公司。组织会通过建立机制协调工作，同时尽可能降低彼此之间的依赖程度。

每个小组专注于完成一个特定的任务，产品负责人监督确保完成任务，并帮助确定工作的优先级。

同时，每个员工也属于一个"行业协会"——拥有相似技能和背景的社区（如设计师或前端开发人员的行业协会）。

2. 开放式组织

这种组织将模糊各个利益群体（员工、股东、客户等）之间的界限。参与是流动的，而非固化的。

根据需求，有些开放式组织使用区块链来共享信息和做出决策。这种组织形态非常适合远程工作。

3. 自由式公司

在自由式公司中，大多数员工都有完全的自由和责任去采取他们认为对实现公司愿景有益的行动，这满足了该模型认定的三个普遍需要：

（1）内在平等的需要；

（2）个人成长的需要；

（3）自我指导的需要。

面对组织形态的挑战，管理者该如何应对呢？

1. 认清形势——组织管理发生了巨变

组织管理就是回答四对关系：个人与目标的关系；个人与组织的关系；组织与环境的关系；组织与变化的关系。

过去大家只需要讨论个人与目标、个人与组织的关系，今天大家应对的挑战是协调组织与环境的关系、组织与变化的关系。

过去，在这四对关系中，个人要服从目标，组织可以设定一个相对稳定的环境，让个人面对变化。

今天，这四对关系的变化非常明显。今天的环境是不确定的，是动态的，组织无法大过环境。从技术层面看，移动互联网深入应用与5G的商用，计算能力和存储能力的迅速提升，云计算、边缘计算、MEC、工业云、物联网、工业互联网技术的不断发展，人工智能和工业大数据的应用与日俱增，如工业机器人、传感器被广泛应用，VR、AR、MR被越来越多地应用于各类工业场景中。

在数字化的帮助下，个人会变得更加强大。在智能手机刚刚普及时，很多老年人不会用，是因为他们的大脑衰老了吗？不是，主要原因是他们不具备使用电子设备的技能。不像年轻人一直在使用电脑，有技术的连贯性。这是技术革命导致的。当前的现实是，有一些企业管理者的数字化能力远不如职场新人。对一些项目或某个技术难题，管理层研究了一个月的成果还不如年轻员工几天的工作成果大。

以前，组织面对的挑战只是如何满足顾客的需求，因为过去做零售的人只做零售，做餐饮的人只做餐饮。但是，今天组织遇到的挑战比这个大得多。现在，零售卖场变成了体验中心，体验中心也在做餐饮。这就意味着所有事物都在调整。

因时而变的调整和变化意味着你要和别人共生、共享很多东西，这是根本性的挑战。更大的挑战则是个体不一样了，这意味着组织从传统的逻辑转向了新型的逻辑。

2. 快速改变——把握黄金窗口期

有一个定律叫作"乔治定律"（George's law），它是指技术变化很快，但组织变化很慢。

该定律解释了为什么数字化转型带来的更多的是管理层的挑战，而不是技术难题。大型企业的组织远比科技复杂得多，因此更难以管理并做出改变。所以，管理层必须将注意力放在员工是否渴望做出改变以及组织能否进行改变上。

管理者有一个终其一生的使命，就是要改善个人与组织的行为。

垃圾分类就是一种行为上的变化。虽然大部分人都认为自己支持环保，但是真正愿意花时间去参与环保活动的人却非常少。

某小区有一个非常值得借鉴的做法：在业主家门口贴上一张小纸条，上面写着："邻居们都在进行垃圾分类了，你也可以做到。"

因为每个人都有融入组织的强烈意愿，所以利用从众心理可以让人们积极、主动地采取环保行为。

3. 塑造数字化人才——"人"是最重要的个体

就像当年就业人口从第一产业转向第二产业一样，在数字化、智能化时代，劳动人口正在加速向第三产业即服务业迁移。因为服务的对象是人，所以组织数字化、智能化仍离不开对"人"的思考，各类关于"业务流程、系统设备、运营管理"等技术层面的话题层出不穷，但深入剖析"组织数字化"这一议题后就会发现，从本质上看，"事"和"物"有行业共通性，它不会变。需要变化的是人。无论是成功的大企业，还是小而美的小公司，其成功的关健是人的工作、人的协同、人的知识、人的创造性。在人才转型上，对人的关注点应该从传统的能力素质转变为新时代要求的"数字化"素质。

"数字化人才"到底是什么样的呢？"数字化人才"的第一个画像是数字化思维。个体的数字化思维体现在概念思考、系统思考和数据敏感三个层面。概念思考要求人们在面对各方面的不确定性时，仍然要有清晰的概念和思考，并能够找到确定性；系统思考要求把握问题的内在本质，多视角、多维度地考虑问题；数据敏感要求人们能够敏锐地觉察行业、公司中的数据变化，能够透视数据变化背后的原因和逻辑，并采取有效的应对措施。

思维是要落地的，所以，"数字化人才"的第二个画像是数字化执行——结果导向、在线协作、灵活应变。

数字化创新是"数字化人才"的第三个画像，包括开放包容、突破创新、持续学习三个层面。数字化人才一定要有自我提升的持续动力和行为，不断丰富和拓展自己的知识领域。

在谈到数字化和智能化时，李开复曾形象地描述过一个"五秒钟法则"：如果人可以在五秒以内对某件工作中需要思考和决策的问题做出相应的决定，那么，这项工作就有非常大的可能被人工智能技术全部或部分取代。著名咨询公司麦肯锡研究指出，到 2030 年，全球将有 3.75 亿人的工作，也就是全球大约 14% 的劳动力可能被人工智能取代。企业需要做出选择，愿不愿意支持并资助员工参加数字化能力培训，以及是否愿意为此付出时间，这个选择将在很大程度上决定企业的未来。

第三节　未来的 HR 会不会被 OD 替代

组织发展工作的核心目的就是让组织不断适应外部环境的变化，将企业有限的资金、技术和人员进行重新组合，形成合力，最大限度地发挥员工的潜力，使员工的行为与组织的战略、结构、流程、目标保持一致，最大限度地满足企业发展需要。实际上 OD 已经超越了 HR 的范畴，重点关注了人与人之间的关系和相互作用，考虑了企业的整体效益。

假如你是一位来自十八线城市的乡村教师，这个乡村小学特别小，小到只有两位任课老师，你必须一个人教多个年级的很多课程，甚至要负责照顾学生的生活起居。

随着时间的推移，你教的学生越来越优秀，学校的口碑越来越好，学生越来越多，各科老师也越来越多了。

学生变多了，学校就需要进行科学细致的管理了，你从一线老师的岗位上退了下来，担任了学校的教务主任。因为学校的规模逐渐变大，学校也招聘了教授不同学科的班主任和老师。

教育局还派来了一位能干的校长，校长成立了人事部，用于处理一些人事问题。你作为学校的元老级老师，担任了学校第一任的教务主任兼人事总监。

随着学校的规模越来越大，口碑和影响力也在逐渐提升，学校搬到了新的校区。因为校长是教育局派来的，并不了解新校区成立之前的一些细节，于是校长告诉你，现在学校需要解决组织结构设计和搭建的问题，也就是要明确学校有多少个科室、每个科室有什么样的职能、什么样的人要带领什么样的团队。

以前这些问题都是校长思考的，但是他发现你的人力资源管理能力非常强，于是他把这个职能慢慢交给了人事部，然后就催生了一个岗位，叫组织发展。

这个岗位到底要不要独立出去，成立一个独立的组织发展部呢？校长还在思考和犹豫。

结合这个案例分析一下，什么样的 HR 人员能转型成为 OD 人员呢？他大致要满足以下三个要求：

（1）领导信任你；

（2）你很懂学校（业务）；

（3）你的人力资源管理工作做得很好。

那么，HR 人员和 OD 人员最本质的差别是什么呢？

最简单的理解就是：一个是干活的；另一个是明确怎么干活的。

仍以乡村教师为例，你的职能就是教学，如果你是校长，你就要思考怎样让教师认真教学。当你作为一位 OD 人员时，你就要帮助校长制定规范，要求教师如何认真教学。

都说不想做 OD 人员的 HR 人员不是优秀的 HR 人员。为什么呢？因为在公司的动态发展过程中提高一群人的能力要比提高一个人的能力难得多。

在企业招聘的 OD 人员中，只有少数人能够脱离学习或培训的范畴，深入到更为宏观的组织设计领域。绝大多数 OD 人员的职责更像是 TD 人员或 LD 人员，也就是侧重于学习发展或人才发展工作。

如果把"组织"看作一辆汽车，把"人才"看作汽车的零部件，那么 TD 人员或 LD 人员侧重于保障"零部件"的功能完好，并不改变汽车整体的功能和结构；而 OD 人员则侧重于改善"车辆"的整体性能，从而让组织更加适应内外部环境的变化，实现健康持续发展。这是 OD 工作的核心目标。OD 工作主要包括以下几个方面。

1. 帮助企业实现战略和目标

如今市场环境瞬息万变，促使组织实现成功变革的有效工具之一就是 OD。通过与 OD 人员的合作以及周密的战略规划，HR 管理者可以帮助企业灵活应对各种挑战。

当前，人力资源管理的焦点已逐渐向构建组织学习技能和工作效率方面转移，其核心工具和在行业中的竞争力也逐渐成了有效利用组织发展来帮助企业实现战略目标。

2. 用数据分析解决 HR 问题

对 HR 管理者而言，OD 人员可以帮助其辨别组织进程的改变，可以将数据分析技巧和问题解决方法带入到复杂的人力资源管理系统中，从而具有即时的利用价值。

有研究者指出，组织发展的实践内容，包括通过绩效管理进行目标设定、薪资调整、职业规划和实现劳动力多元化等，都与人力资源管理工作直接相关。

3. 推进组织变革

对现在和未来的劳动力改革形势来说，HR 管理者的优势就是能够有效利用组织发展的能力。

作为策略性伙伴，HR 从业者在组织变革中的任务是将正确的人放在正确的位置上，这样才能有效实现组织变革。OD 人员则可以更好地完成这些工作。

此外，在组织发展的过程中，OD 人员可以帮助企业重新规划并重新审视企业的价值理念，发展和实现积极主动的知识管理，这样不仅可以展现和发挥自己在企业中的价值，而且可以挖掘和提升自身灵活应变的能力，以及开拓创新的能力。

OD 人员的基本能力要求应该从"战略理解""业务逻辑解读""系统性思考""逻辑思维""快速学习""项目管理"和"跨职能协作与沟通"等几个方面去定义。OD 人员的主要职能如下。

1. 设计组织结构

OD 人员的第一项工作就是根据公司的发展战略和公司的现状、所处的行业，设计一套最适合这家公司的组织结构。

2. 设计职能与职能工作内容

一家公司既有销售部门也有客服部门。

那么，职能设计就会有以下多种结果：

（1）根据销售产品分，不同销售人员负责不同的产品；

（2）根据客户区域分，由不同的区域、不同的人负责；

（3）根据客户规模大小分，由不同的销售人员跟进；

（4）根据新签和续签分，客服人员和销售人员一起跟单和续签；

（5）根据客户新老程度分，新人跟进新客户，老人跟进老客户。

如果在销售的基础上，再加上技术或供应链，这样的组织形态就会变得更加多元，职能设计是 OD 人员的重要工作内容，也是难点所在。

3. 设计部门之间的配合机制

作为一名 OD 人员，你要解决"谁审批、谁负责、谁执行、谁监督"这四件事。

4. 提升组织内部人才的高度

组织在扩张时，需要匹配适合组织高度的人才。

假如，公司原来有 100 人，其中有 10 位中层管理者，管理者的占比为 10%，如果这个占比不变，公司员工总数变成了 500 人，那么会有多少位中层管理者呢？答案是 50 位。

假设这多出来的 40 位中层管理者都是从基层提拔起来的，那么这 40 个人的能力怎么提升呢？OD 人员要做的就是明确他们的差距，帮助他们制定需要提升的要点和方向。

5. 确保组织能够可持续发展

为什么阿里巴巴公司每年都要调整组织结构呢？因为阿里巴巴有拥抱变化的企业文化，还有比较明确的晋升体系，更重要的是，阿里巴巴不仅给钱、给权，还会给荣誉、给奖章，这些都是 OD 人员需要考虑的问题。

那么，OD 人员至少需要具备以下七种能力：

（1）看得懂公司的战略；

（2）能够设计公司的组织结构；

（3）能够设计部门的工作内容；

（4）精通公司人才选拔的标准和要求；

（5）能够设计跨部门沟通机制；

（6）善于制订长期的学习计划；

（7）坚韧性和意志力强。

腾讯《三观》的前言里有这样一句话："不管时代怎么改变，在商业世界里有一些基础性的原则是不会变的，如为用户创造价值，去一线发现问题。"

让组织发展工作触及一线是老生常谈的道理，但仍有很多人做不到。优秀的 OD 人员要从未来的视角看现在，只有活在未来，才能做好组织发展工作。